Honolulu liegt in Bayern

1. Band

Melina Hilger

Honolulu liegt in Bayern

Geschichten zum Einfühlen, Mitfühlen und Nachdenken

1. Band

Bibliografische Information der Deutschen Nationalbibliothek:
Die Deutsche Nationalbibliothek verzeichnet diese Publikation
in der Deutschen Nationalbibliografie; detaillierte bibliografi-
sche Daten sind im Internet über http://dnb.dnb.de abrufbar.
© *2017* **Melina B. Hilger**
Illustration: Joy Katzmarzik www.leap4joy.de
Herstellung und Verlag: BoD – Books on Demand, Norders-
tedt

ISBN: 978-3-9783744898973

Inhalt

Vorwort für Kinder

Liebe Kinder!

In diesen Geschichten geht es darum, wie man sich fühlt, wenn man bestimmte Situationen erlebt.

Vielleicht habt ihr noch nie so etwas erlebt, aber sicherlich gibt es einige Kinder in Eurer Umgebung, die solches oder ähnliches schon erlebt haben. So könnt ihr diese Kinder und auch vieles in der Welt bestimmt besser verstehen.

Sucht Euch einen Erwachsenen, mit dem ihr Euch über Wichtiges gerne unterhaltet, die Euch zuhören und bittet ihn darum mit Euch diese Geschichten zu lesen.

Vielleicht zeigt ihr das Buch Eurer Lehrerin und fragt sie ob sie einzelne Geschichten mit Euch in der Klasse lesen will.

Ich rate Euch dazu immer nur eine der Geschichten zu lesen. Anschließend könnt ihr gemeinsam darüber sprechen und Euch zusammen Gedanken über das Gelesene machen. Vielleicht mögt Ihr auch etwas dazu malen, einige Bilder sind ja schon in dem Buch.

Ich wünsche Euch von ganzem Herzen viel Freude und Mitgefühl beim Lesen.

Eure Kinderbuchautorin, die dieses Buch extra für Euch geschrieben hat.

Melina Hilger

Ihr könnt mir auch gerne eine email schreiben, wie Ihr das Buch oder einzelne Geschichten findet und was ihr darüber denkt. Ich antworte jedem!

Meine-email-Adresse:
m-hilger@web.de

Vorwort für Pädagogen

Liebe Eltern, Pädagogen, Erzieher und interessierte Menschen, denen unsere junge Generation am Herzen liegt.

Mein Anliegen als Erzieherin und Mutter ist schon seit langem etwas beizutragen für die junge Generation, die das Erbe unseres Planeten tragen muss. Dieses Ihnen hier vorliegende Büchlein mit seinen Geschichten darin – ist im Anliegen geschrieben, Ihnen als Verantwortliche (und sind wir nicht alle für unsere nächsten Generationen verantwortlich?) für Kinderseelen, eine kleine Hilfe an die Hand zu geben.

Es geht um die wirklichen Werte - um Seelenwerte in diesem Buch. Es ist ein „Mitfühlbuch," oder wie ich es gerne nenne „ein Mitgefühlbuch". Und Mitgefühl hat diese Welt wahrlich nötig. Dieses Buch sollte ein wenig Hilfe sein, bei der Bewältigung der so wichtigen Themen wie: Außenseitersein, Behinderungen, Angst, Ausgrenzung, Sündenbock, Angst, Mut, Wünsche, Gewalt, Familienelend, Gedankenlosigkeit und nicht zuletzt „das Wiederwahrnehmen der Natur".

Es sind Geschichten, die nachdenklich machen, die aktuell gerade in der Welt, sogar im nahen Umkreis des lesenden Kindes passieren, mit denen sich die Kinder ohnehin auseinandersetzen müssen. Doch in unserer Verantwortung liegt es, dass sie einen einfühlenden Begleiter dabei haben und so bitte ich jeden, der dieses Buch mit seinen vielfältigen Geschichten benutzt, **die Kinder dabei nicht alleine zu lassen.** Die Geschichten bieten viele Möglichkeiten, von um beim Lesen ins Gespräch zu kommen." Sie werden erleben, wie sich bei den Kindern die Seelen öffnen und Sie Gelegenheiten in Hülle und Fülle bekommen, um in ihnen zu erkennen, was sie beschäftigt, was sie ängstigt und was sie lieben.

Und wenn Ihr inneres Kind noch lebendig ist, dann werden Sie selbst Gefallen daran finden mit den Ihnen Anvertrauten gemeinsam diese Geschichten zu lesen und zu diskutieren.

Ich wünsche Ihnen viel Freude damit.

Melina B. Hilger

Freundschaft

„Geht es heute nicht mehr zu den Cortas?" wollte Peter wissen. „Nein, auf keinen Fall", antwortete seine Schwester. „Aber..." - „Nix aber!" meinte Clara, keine Chance. „Die Cortas können mir gestohlen bleiben. „Aber..." – „Sei still, du dummer Bruder, ich will nichts mehr hören. Es ist genug!" Peter ließ den Kopf hängen, er war echt traurig. Er hatte sich schon sehr gefreut darauf, seinen Freund Estonio zu sehen. Sie waren gleich alt und teilten die gleichen Hobbies, nämlich Playmobil bauen und mit dem BMX-Rad fahren. Blöde Clara, nur weil sie sich mal wieder mit ihrer Freundin gestritten hatte - die gleichzeitig Estonios große Schwester war, - musste er jetzt zu Hause bleiben. Wenn man acht Jahre ist, hat man keine Chance gegen die große Schwester. Oder vielleicht doch? Er könnte ja... - Er ging mit harmlosem Gesicht an der offenen Türe zum Zimmer seiner Schwester vorbei. „Hau ab" tönte es von dort wütend heraus. Aber er hatte genug gesehen, sie hörte Musik und las dabei. Er wusste genau, das tat sie immer ausgiebig und lange.

Er würde einfach verschwinden, sie würde es gar nicht merken und er wäre wieder zurück, wenn seine Mutter nach Hause kam. Genau, so würde er es machen. Er versteckte seine Playmobil-Schachtel unter der Jacke, schnappte sich sein Fahrrad und schlich sich aus der Garage. Zwei Straßen weiter wartete schon Estonio, er war Spanier und war erst vor kurzem hierher gezogen. Obwohl er nicht so gut deutsch sprach, verstanden sie sich sehr gut. Estonio deutete auf das Fahrrad, Peter hatte nichts dagegen und warf die Schachtel mit den Bausteinen zwischen die Rosen.

Sie fuhren zur Kiesanlage, dort konnte man phantastisch die Berge rauf und runter fahren. Außerdem fand man dort immer ganz tolle Steine. Er hatte mit seinem Freund schon tolle Objekte herausgezogen, sogar Versteinerungen. Die konnten sie dann auf dem nächsten Flohmarkt verkaufen. Jetzt aber wollten sie richtig wild mit den Fahrrädern trainieren. Sie bauten sich Schanzen und wählten schwierige Hindernis-Wege. Dann, als sie völlig aus der Puste waren, machten sie sich auf den Weg zu den stillgelegten Gruben. Peter kletterte den höchsten Schuttberg hinauf und stimmte ein lautes Indianergeheul an. Estonio blieb unten und winkte ihm. Aber wieso winkte er wie verrückt und was schrie er da die ganze Zeit? Er verstand kein Spanisch und sah den Freund verständnislos da unten herumhampeln. Was hatte er nur?

Dann merkte er plötzlich, dass der Boden unter ihm nachgab, er rutschte auf der anderen Seite des Schuttberges abwärts. Er versuchte das Versinken aufzuhalten, aber die runden Steine schienen nach ihm zu greifen und ihn hinabzuziehen. Er bekam Panik, er würde unter die Steine gezogen werden und ersticken. Bis zur Brust war er schon eingesunken und die runden Kiesel waren immer noch in Bewegung. Von Estonio war nichts zu sehen und er schrie so laut er konnte, aber hier würde ihn kein Erwachsener hören – höchstens Estonio. Der war sicher schon weggelaufen, er blickte in die Richtung, in der er ihn zuletzt gesehen hatte, aber der Schuttberg versperrte ihm den Blick. Inzwischen ragten nur noch Arme, Schultern und Kopf aus dem Steinmeer heraus und er sank immer noch weiter. Plötzlich spürte er etwas auf seinem Kopf und griff danach. Es war ein Seil – woher kam das? Er sah sich suchend um. Oben am Hang stand sein Freund und hatte das andere Ende des Seils in der Hand. Peter ergriff das Rettungsseil und band es unter seinen Achseln auf der Brust fest, so wie er es schon in Bergsteiger-Filmen gesehen hatte. Estonio, der in etwa acht Metern Entfernung mit all seiner Kraft am Seil zog, hatte schon ein ganz rotes Gesicht, von der Anstrengung. Peter sah, dass er nichts ausrichten konnten gegen den Sog der Steine. Estonio und er sahen sich lange in die Augen, dann kam Bewegung in Estonio und er kletterte einen Meter weiter und band das Seil an einen Baumstumpf. So konnte Peter wenigstens nicht weiter nach unten sinken, das Seil hielt ihn fest. Sein Freund rief ihm viele Worte zu, die er nicht verstand, aber er vertraute ihm, sogar als er weg lief. Sicher holte er jemanden, der ihm helfen konnte und kräftig genug war ihn herauszuziehen. So hing er fast eine Stunde lang an diesem Seil. Er hatte ja jetzt nichts anderes zu tun als hier zu verweilen und betrachtete die vielen Steine um sich herum. Einer gefiel ihm besonders gut. Er nahm ihn und als er ihn mit seiner Faust umschloss, fühlte es sich irgendwie tröstlich an. Er war kühl und glatt.

Endlich,- die vergangene Zeit kam ihm wie eine Ewigkeit vor – hörte er eine Sirene. Es klang wie das Martinshorn und dann sah er auch schon die roten Uniformen der Feuerwehr. Erleichtert über die nahende Hilfe dankte er seinem Schutzengel und gab Gott ein Versprechen: Er würde von nun ab immer nett zu allen sein, sogar zu seiner Schwester. Die Männer hatten ihn schnell befreit und untersuchten ihn nach Verletzungen. Aber ihm fehlte nichts. Estonio stand grinsend neben ihm. Peter ging auf ihn zu, um ihm die Hand zu schütteln, da bemerkte er, dass er immer noch den Stein umkrampfte.

Er öffnete die Hand und sah den Stein an, er war ganz weiß und in der Mitte sah er ein versteinertes Seepferdchen. Er gab Estonio die Hand und dankte ihm, dann legte er den Stein in die Hand seines Freundes.

Kennt ihr Kinder aus einem anderen Land?

Was findet ihr am Verhalten Estonios besonders gut?

Hast du auch so einen guten Freund oder Freundin?

Zornige Fränzi

„Guten Morgen Fränzi, ausgeschlafen?" flüsterte die Mutter. Fränzi rieb sich die Augen und gähnte herzhaft. „Ja, schon – aber ich will nicht zur Schule heute." – *„Warum denn nicht?"* – „Die sind alle da so doof." – *„Wer ist doof? Na ja, so schlimm wird es nicht sein",* meinte die Mutter. „Doch, sind die". Fränzi bekräftigte diese Aussage mit einem Tritt gegen das Tischbein des gedeckten Frühstückstisch. *"Fränzi!"* mahnte die Mutter. *„Komm, jetzt setz dich erst mal und iss."* – „Hab' keinen Hunger." – *„Na, ich werde jetzt aber frühstücken!"* Die Mutter setzte sich und begann ihr Brot mit Butter und Honig zu bestreichen. Schweigend saß Fränzi daneben und verfolgte jede Bewegung ihrer Mutter. *„Jetzt, komm schon, erzähl – was ist denn passiert."* Fränzi grummelte noch etwas vor sich hin und erzählte dann: - *„Und dann?"* – wollte die Mutter wissen. „Ja und dann, dann habe ich das Rechenbuch genommen und es auf den Reneé geknallt – genau auf den Kopf." - *„Was hat dazu der Reneé gesagt?"* – „Gar nix, weil er geweint hat." – *„Puh!"* die Mutter holte tief Atem. Und leise fügte Fränzi hinzu: *„Und dann kam die Krankenschwester, weil er so aus der Nase geblutet hat, und dann brachten sie ihn zum Arzt."*

„Also, die sind alle blöd und der Lehrer auch. Die haben mich doch glatt ausgelacht, weil ich das Zwölfer-Einmaleins nicht konnte. Und der Reneé am meisten. Sie haben sich schier nicht mehr eingekriegt, als ich anfing mit den Fingern nachzuzählen. Was ist denn so schlimm dran, schließlich haben wir doch zehn Finger, - zum in der Nase bohren sicher nicht."

„Aha!" - Die Mutter hatte längst von der Klassen-
lehrerin einen Anruf bekommen und wusste von der
Geschichte. Sie war nicht gerade begeistert von ihrer zornigen Tochter. *„Und? Und jetzt?"* fragte sie.
„Ich weiß auch nicht – ich glaube, dem Reneé geht
es nicht so gut, vielleicht ist er jetzt sogar tot." - *„Und
wie willst du erfahren, wie es ihm geht, wenn du
nicht zur Schule gehst?"* – „Ich weiß nicht – vielleicht
sollte ich doch hingehen." – *„Ja, das meine ich auch,
aber ich denke es reicht nicht, wenn du nur hin-
gehst, um zu schauen wie es ihm geht, oder was*

meinst du?" – „Ja, schon, aber was soll ich denn noch tun? Ist doch schon gelaufen". – *„Tja, was für Möglichkeiten hast du denn?"* – „Na, ja – wenn er nicht tot ist, dann wäre ich schon froh." -*„Also weißt du"*, meinte die Mutter, *„wenn er tot wäre, dann wüsste ich schon Bescheid."*

„Ehrlich?" – *„Ja, auf jeden Fall"*. Erleichtert entspannte sich Fränzis Gesicht. *„Ja, und was willst du nun tun?"* – „Na, ich geh in die Schule, was sonst." – *„Du wolltest also nur nicht in die Schule gehen, weil du dachtest, Reneé wäre tot? Vielleicht ist er ja im Krankenhaus."*– „Oje!" Fränzi war echt bestürzt. Dann hellte sich ihr Gesicht auf: „Ich weiß – ich besuch ihn dann dort!" – *„Und du meinst, das reicht?"* – „Hmm, vielleicht sollte ich mich entschuldigen!" – *„Das ist eine Superidee, Fränzi! Jetzt pack Deine Schulsachen zusammen und lauf in die Schule."* Fränzi fühlte sich mit einem Mal ganz leicht; sie nahm ihren Schulrucksack und stürmte hinaus. Die Mutter rief ihr noch nach: *„Fränzi, so eine Entschuldigung wäre auch nicht schlecht, wenn der Reneé gesund und munter wieder auf seinem Platz sitzt, denn es hat ihm sicher weh getan.* Fränzi winkte der Mutter zurück und ging nachdenklich weiter.

Im Schulhof schon hörte sie, dass Reneés Mutter gekommen und sehr wütend sei. *„Sie spricht gerade mit der Lehrerin,"* verriet ihr Martina. Mit einem Kloß im Hals ging sie zum Klassenzimmer. Als sie die Türe öffnete, sah sie Reneés Mutter mit der Lehrerin stehen und Reneé saß auf seinem Platz. Fränzi nahm ihr Herz in beide Hände und ging zu den beiden Erwachsenen. Es sprudelte geradezu aus ihr heraus: „Guten Morgen, es tut mir so leid, die haben alle so gelacht, und da bin ich so wütend geworden. Ich wollte dem Reneé nicht weh tun, ich wollte nicht, dass er verblutet, und ich werde es auch nicht mehr machen."

Die beiden Frauen blickten erstaunt auf die atemlose Fränzi. Reneés Mutter war nun doch gerührt und antwortete ihr: „*Ja, Reneé hat mir davon erzählt, dass er dich ausgelacht hat und du ihm das Buch auf den Kopf geschlagen hast. Aber er hat oft Nasenbluten, auch wenn ihn keiner schlägt. Er ist in Ordnung.*"

Inzwischen hatte sich Reneé zu ihnen gesellt, streckte Fränzi die Hand hin und meinte: „Vertragen wir uns wieder?" Erleichtert schüttelte sie seine ihr hingehaltene Hand, und ab diesem Tag waren sie die besten Freunde, und Reneé lachte sie auch nie mehr aus.

Wart ihr schon mal so richtig zornig auf jemanden?

Und weißt du was Versöhnung ist?

Wie fandet ihr Fränzis Mutter?

Was hättest Du an Fränzis Stelle gemacht?

Elina

Elina konnte es sich nicht erklären, wie das zustande gekommen war. Sie hatte erst vor einer Stunde diesen Ort verlassen und nun, als sie zurück gekommen war, fand sie diese Gegend völlig verändert vor. Alles sah irgendwie vergrößert aus und war nur schwer wiederzuerkennen. Sie sah ein großes Papierstück liegen und versuchte zu entziffern was darauf stand. Die Schrift kam ihr bekannt vor. Die Handschrift war aber ziemlich unleserlich und durch die großen Buchstaben schwer zu erkennen. Der Verfasser dieser Zeilen war offensichtlich ein Schmierfink. Mühsam las sie: „Achte sehr auf dieses B, denn sonst tut es ihm weh." Seltsam, irgendwie war ihr etwas an diesem Satz vertraut. Sie erinnerte sich, dass sie einen Tag vorher in der Schule gelernt hatte, dass es früher hieß: „Trenne nie ST, denn es tut ihm weh." Aber diesen Satz hier kannte sie nicht.

Sie setzte sich sehr nachdenklich auf die Wiese. Als sie da so saß, umweht von Halmen, die sie weit überragten, wurde ihr ganz komisch zumute. Irgend etwas stimmte hier nicht. Trotzdem musste sie ständig über die Bedeutung dieses Zettels nachdenken. B wie Bein, Bohne, Bisamratte, Beuteltier, Besen, Baum, Ball.... Aber was hatte sie mit diesen Begriffen zu tun? Mein Bein tut mir auch nicht weh. Ach was, sie schüttelte sich und dachte, das hat sicherlich nichts mit mir zu tun, – ich muss jetzt nach Hause. Sie stand auf und wollte sich durch die großen Grashalme schlängeln, als sie merkte, dass etwas an ihrer Turnschuhsohle klebte. Es war dieser dumme übergroße Zettel. Trotz der Mühe, ihn loszuwerden, klebte er wie Zement an ihren Füßen und ließ sie kaum vorwärtskommen.

Nach ca. fünfzehn Schritten setzte sie sich erschöpft wieder auf den Boden. Was sollte sie tun? Ha, - sie hatte eine Idee. Sie würde das Papier einfach rund um den Schuh abreißen. Gut, doch leichter gesagt, als getan. Das Papier fühlte sich so zäh wie das Leder ihrer Schuhe an. Allmählich wurde sie stinkwütend, wie konnte ihr so etwas passieren? Während sie so völlig außer sich da saß, raschelte etwas laut neben ihr, da kam offensichtlich jemand. Elina sprang erschreckt auf. Eine riesige Schlange kam aus dem Gras heraus, direkt auf sie zu. Starr vor Schreck stand sie da und atmete heftig. *„He, was ist, du stehst mir im Weg?"* Elina sprang schnell zur Seite, um Platz zu machen. *„Was für ein putziges Ding bist du denn?"* Als das Mädchen immer noch kein Wort sagte: *„Hat der Frosch deine Zunge gefressen?"*

„Nein, …aber du bist so groß", stotterte Elina.

„Ja, das wäre schön, weißt du denn nicht, dass ich eine der kleinsten Schlangen der Welt bin, wenn man von den Regenwürmern absieht?"

„Das ist doch nicht wahr, du willst mich bloß reinlegen."

„Du bist vielleicht komisch. Siehst du denn nicht, wie winzig ich bin? Ich bin sogar vom Aussterben bedroht und außerdem auch noch ungefährlich."

Elina sagte besser nichts mehr darauf.

„Na zugegeben, du bist wirklich ein wenig klein geraten. Was für ein Tier bist du überhaupt?" meinte die Blindschleiche von oben herab.

„Ich bin kein Tier!" empörte sich das Mädchen, „ich bin ein Mensch!"

„Jetzt beißt mich gleich der Affe, wie kannst du ein Mensch sein, die sind doch riesengroß und ma-

chen ständig Jagd auf mich, oder zertreten mich unachtsamer Weise?"

„Na, ich bin eben ein noch nicht ausgewachsener Mensch, ich werde schon noch größer."

„*Ich bin ein noch nicht ausgewachsener Mensch...*" äffte die Blindschleiche sie nach. „*Das kannst du der Ziege erzählen, aber nicht mir.*"

„Dann lass mich doch in Ruhe." Elina war jetzt echt eingeschnappt.

„*Was machst du denn überhaupt hier?*"

Elina schwieg trotzig,

„*Na, dann nicht – auch gut. Dann verschwinde ich jetzt besser*", meinte die Blindschleiche und schlängelte sich davon.

Nun saß Elina ganz alleine da und machte sich Gedanken. Erst jetzt fiel ihr auf, dass sie mit einer Schlange gesprochen hatte, bzw. sie die Schlangensprache verstand. Überhaupt war ihr langsam ganz mulmig, alles war irgendwie komisch.

Sie erhob sich, um weiter zu gehen, aber in welche Richtung? Was soll's, dachte sie und schob sich durch die hohen Grashalme. Hauptsache weg hier!

Sie lief so schnell sie konnte und stieß mit einem metallisch blaugrün glänzenden Käfer zusammen, der nun vor ihr auf dem Rücken lag und mit allen sechs Beinchen in der Luft ruderte. Elina bekam einen großen Schrecken.

„Puh, du meine Güte" entfuhr es ihr.

„*Aua, kannst du nicht besser aufpassen, du komischer Rüpel du!*" schrie sie der riesengroße Käfer an.

„Entschuldigung!"

„*Das hilft mir auch nicht weiter, hilf mir wenigstens.*"

„Wie denn?"

„*Ja, wie denn schon. Du musst mich halt umdrehen.*"

„Was muss ich denn machen?"

„*Na was wohl, du unnützes Ding. Du musst mich umdrehen, auf meine Beinchen.*"

Elina schob und schob den schweren Körper des Käfers, aber sie war einfach zu schwach, um ihn herumzudrehen.

„*Großer leuchtender Käfergott, das ist ja zum Davonlaufen. Kannst du denn gar nichts? Ja natürlich nicht, weil du zu dumm bist, den Schaden, den du angerichtet hast, wieder gut zu machen.*" Und nach einer kleinen Pause meinte er: „*Gut, bring mir einen starken Halm - von den Großen da.*"

Elina versuchte einen der Halme abzubrechen, aber die waren sehr zäh, auch durch Ziehen mit all ihrer Kraft schaffte sie es nicht.

„*Wie lange dauert denn das?*" schimpfte der Käfer.

„Ich krieg ihn nicht ab."

„*Das kann doch nicht wahr sein, so beiß ihn doch ab, du komische Kröte.*"

„Ich bin keine Kröte, du Dämling!" Elina war jetzt echt erbost.

Der Bockkäfer rief beruhigend: „*Ja, schon gut, gib mir den kleinen Ast dort, der ist schon abgebrochen.*" Er hatte Angst, dass dieses komische Wesen da ihn so auf dem Rücken liegen lassen würde.

Das Mädchen zog das schwere Stück Holz zu dem hilflosen Käfer und reichte ihm das eine Ende hin, damit er es mit seinen rudernden Beinchen fassen konnte. In der nächsten Sekunde stand er wieder auf seinen sechs Beinen, und fing gleich wieder an zu schimpfen. „*So ein ungeschicktes Ding, schmeißt mich um und kann nicht mal einen Halm* abbeißen. Du bist wohl vom Himmel gefallen und hast nichts dazu gelernt."

„Du könntest eigentlich Danke sagen, du unhöfliche Stinkwanze," erwiderte ihm das immer noch empörte Mädchen.

„Was? Stinkwanze hast du zu mir gesagt? Ich verspeise dich gleich! Ich bin ein Callidium aeneum, aus der Familie der blauen Bockkäfer und man nennt mich den Gottkäfer unter all den anderen Käfern ähnlicher Art und da vergleichst du mich mit einer Stinkwanze?"

„Tut mir leid, ich weiß doch gar nicht, was eine Stinkwanze ist, ich war einfach wütend, weil du so undankbar warst", meinte Elina.

„Undankbar? Wer hat mich denn umgeworfen?"

„Ja ist gut, ich weiß, ich war das. Hab' es aber nicht absichtlich getan."

„Wer bist du überhaupt und was machst du hier?"

„Ich bin Elina und weiß gar nicht mehr, wie ich nach Hause komme. Alles ist irgendwie komisch."

„Wie – irgendwie komisch?"

„Ich weiß auch nicht, das Gras ist plötzlich so hoch, Blindschleichen und Käfer sind größer als ich, wo ich doch ein Mensch bin und Käfer sonst nicht größer als mein Daumennagel. Findest Du das denn nicht komisch?"

„Hmm, in der Tat, Menschen sind sonst eher groß – das weiß ich genau, denn solche haben mir schon des öfteren nach dem Leben getrachtet. Hätten mich schon zweimal beinahe zertreten. Du bist wirklich äußerst klein! Vielleicht bist du ja geschrumpft."

Elina erschrak. Das wäre tatsächlich eine Erklärung.

Aber warum? Sie erinnerte sich an das Märchen von Pinoccio, dem war eine lange Nase gewachsen, weil er gelogen hatte. Vielleicht war sie geschrumpft, weil sie auch gelogen hatte. Dem Käfer verriet sie aber nichts von ihren Überlegungen.

„Na, jedenfalls muss ich jetzt weiter, ich habe noch dringende Geschäfte zu erledigen, Adieu!" sagte der Bockkäfer und entfernte sich.

Sie musste wieder an den Zettel denken. Was bedeutete es, dass sie auf das B achten sollte. B wie Bauch, Bahn, Burg, Bär, Berg oder Banane. Bei dem Wort Banane bekam sie richtig Hunger. Eine Banane wäre jetzt echt nicht schlecht. Dann hörte sie wieder ein Rascheln, sie drehte sich um und sah einen Riesenvogel mit blauem Bauch und gelbgrünen Flügeln. Elinas Herz pochte wild, so einen großen Vogel hatte sie noch nie gesehen, ob er sie wohl fressen wollte? Sie duckte sich schnell hinter einem Blatt.

Die Blaumeise hatte sie aber schon gesehen, pickte aber weiter an den Samen einer Grasdolde herum. Als sie erst mal genug hatte, wandte sie sich an das Mädchen. *„Solche deiner Art habe ich schon oft gesehen, aber so eine Kleine noch nie."*

Und nachdem Elina immer noch nicht hervorkam: *„Ich habe dich schon gesehen. Keine Angst, ich tue Menschenkindern nichts."*

Elina war erleichtert, sie wurde erkannt und kam hinter dem Blatt hervor: „Ja, ich bin ein Mensch und wer bist du?"

„Ich bin eine Blaumeise und das ist schon komisch, dass du so kleingeraten bist. Gibt es noch mehr von deiner Art?"

„Ich weiß nicht, jedenfalls war ich nicht immer so klein, und ich weiß auch nicht, was geschehen ist, und warum ich mit einem Mal so klein bin."

„Alles hat seinen Grund, Menschenkind."

„Ja, aber welchen?"

„Das müssen wir herausfinden. Bist du denn hungrig?"

„Oh ja sehr."

„Hier nimm doch die Samen von der kleinen Braunelle, die sind ganz lecker. Die Pflanze dort mit den blauviolettem Blüten. Siehst du, da hängen so braune Samen dran. Probiere sie einfach."

Elina reckte sich so hoch sie konnte, um an die Samenkapseln der Braunelle zu kommen und konnte sich eine ergattern. Sie war leicht zu öffnen. Sie probierte und tatsächlich schmeckte sie wirklich gut und machte satt.

„Mit vollem Bauch kann man besser denken." zwitscherte die Blaumeise.

„Was soll ich denn jetzt machen, du lieber Vogel?" jammerte Elina.

„Tja, was willst du denn?"

„Nach Hause will ich!"

„Das ist doch ganz leicht. Du steigst auf meinen Rücken, und ich bringe dich nach Hause."

„Echt, würdest du das für mich tun?"

„Na klar, steig auf und wir fliegen eine Runde. Mal sehen, wo du wohnst?"

Das Mädchen kletterte erst auf einen der ausgebreiteten Flügel des Vogels, um auf den Rücken zu kommen. Sie konnte sich prima an den Federn fest-halten.

„Aber reiß mir keine Feder aus – halt dich immer an mehreren fest. Du könntest sonst mit einer herausgerissenen Feder abstürzen."

Elina saß jetzt fest im Nacken der Meise und hielt sich an mehreren Federn gleichzeitig fest. Ein bisschen mulmig war ihr schon.

„Bist du bereit?"

„Ja, du kannst losfliegen."

Die Blaumeise erhob sich in die Lüfte und flog in großen Kreisen durch die Luft. Es war ziemlich stürmisch auf dem Rücken des Vogels und Elina fürchtete sich hinunter zu fallen. Aber schließlich gewöhnte sie sich an das Fliegen.

Die Blaumeise rief: *„Und kannst du schon etwas erkennen?"*

„Nein, das ist alles so klein. Kannst du nicht tiefer fliegen?"

Der Vogel schraubte sich tiefer und flog knapp über die Baumwipfel und Dächer. Aber Elina kam nichts bekannt vor. Schließlich landeten sie auf einem Tannenast.

Dem Mädchen war beinahe zum Weinen zumute.

„Was soll ich denn jetzt machen?" Elina schluckte den herauf drängenden Schluchzer mit aller Gewalt herunter.

„Hm, ich weiß auch nicht genau, aber wir finden schon was, sei nicht traurig."

Mit einem ohrenbetäubenden Gesang fing sie an zu zwitschern. Elina musste sich die Ohren zuhalten, so laut war das.

Nach einer Weile bemerkte das Mädchen, dass sich immer mehr verschiedene Vögel auf der Tanne rundum niederließen.

Die Blaumeise stellte nun Elina all die anderen Vögel vor:

„Schau Mädchen, das ist der Buchfink, hier die Bachstelze, dort die Blauelster und sogar ein Buntspecht ist gekommen. Alle habe ich gerufen, damit sie dir helfen. Sicherlich hat einer von ihnen eine gute Idee."

Die Vögel stellten sich jetzt jeder nacheinander mit ihrer ihnen eigenen Melodie vor. Am Schluss hämmerte der Buntspecht noch auf dem Ast herum, auf dem Elina saß.

Sie beratschlagten nun alle miteinander eine Weile, wie sie diesem kleinen Menschlein helfen konnten.

Die Blaumeise wandte sich dann wieder an Elina: *„Du musst uns mehr erzählen von deinem Zuhause, wie es aussieht, wo es steht und so weiter."*

Das Mädchen überlegte: „Es ist ein kleines Haus, ganz weiß gestrichen, mit einem roten Dach, und drum herum ist ein großer Garten"

„So sehen beinahe alle Häuser im Dorf aus, - das hilft nicht viel. Was wächst denn in eurem Garten so. Welche Pflanzen, welche Bäume, welche Blumen?"

„Ah, es steht im Garten eine große Blautanne, eine Birke, ein Birnbaum und viele Brombeersträucher. Im Gemüsegarten hat meine Mutter Bohnen, Brunnenkresse, Blumenkohl, Brokkoli, und Basilikum in den Beeten."

„Gut, das hilft schon weiter." Und zu den Vögeln sagte sie: *„Schwärmt aus!"*

Nach einer guten Weile kamen sie alle wieder und ein großes, lautes Konzert der verschiedensten Vogelstimmen ertönte.

Die Blaumeise wandte sich wieder an das Mädchen: *„Wir haben es wahrscheinlich gefunden. Komm steig wieder auf, ich bringe dich."*

Sie stiegen alle hoch in einem Schwarm und flogen in Richtung Sonnenuntergang.

Und tatsächlich, plötzlich unter ihr erkannte sie ihr Zuhause. Die Blaumeise landete auf einem Gartenstuhl und Elina kletterte schnell von ihrem Rücken: Die Blaumeise erhob sich sofort wieder und schloss sich dem Schwarm der anderen Vögel an.

Elina rief so laut sie konnte: „Danke Blaumeise, danke Buchfink, danke Blauelster, danke Bachstelze und danke Buntspecht für Eure Hilfe. Ich werde Euch nie vergessen!"

Dann hörte sie die Stimme ihrer Mutter. Als sie die Augen öffnete, sah sie ihre Mutter am Bett in ihrem Zimmer, die gerade sagte: „Na, du alte Langschläferin, willst du heute gar nicht aufstehen?"

Erleichtert erkannte Elina, dass es nur ein Traum gewesen war und sie gar nicht wirklich so klein war.

Nachdenklich saß sie später am Frühstückstisch und aß ihr Müsli. Und auf dem Schulweg fiel ihr der Satz wieder ein: „Achte sehr auf dieses B, denn sonst tut es ihm weh!"

Und sie murmelte vor sich hin: „Blindschleiche, Bockkäfer, Blaumeise, Braunelle, Bachstelze, Buntspecht, Buchfink, Blauelster. Dann rief sie ganz laut in den Himmel: „Ja, all ihr B's, ich will euch achten für immer und auch die E's, die D's und die F's ... – Euch alle ihr Lieben! Und Dankeschön für euren schönen Gesang und eure Art, und dass es euch gibt!"

Das ist meine Lieblingsgeschichte in diesem Buch, was denkt ihr warum?

Honolulu liegt in Bayern

Karlchen war in der Schule noch nie gut gewesen. Er war unkonzentriert und immer in seine Träume verstrickt, meinten die Lehrer. Auch hielt es ihn nie lange auf seinem Platz. Sollte er einmal länger stillsitzen, scharrte er mit den Füßen oder sprang einfach auf und hüpfte herum. Erst nach strengen Ermahnungen war er wieder dazu zu bewegen sich hinzusetzen. Bei der Schuluntersuchung sprach der Klassenlehrer lange mit dem Doktor. Heraus kam bei dem Gespräch nicht viel. Das Ergebnis war ein blauer Brief, in dem stand, seine Mutter solle dringend in die Schule kommen, es gäbe da ein Medikament, das ihrem Sohn helfen würde, dem Unterricht aufmerksamer zu folgen und bessere Noten zu schreiben. Der Lehrer schärfte Karl ein, den Brief wirklich seiner Mutter zu geben. Aber auch wenn Karlchen schlechte Noten schrieb – dumm war er nicht. Er öffnete den Brief vorsichtig und las den Inhalt. Dann steckte er das blaue Kuvert in seine Legokiste ganz unten und vergaß ihn schnell.

Er machte sein Mittagessen in der Mikrowelle warm, setzte sich an den Küchentisch und ließ es sich trotzdem schmecken. Nach dem Essen stellte er brav das Geschirr in die Spüle und zog sich die Schulkleidung aus. Er legte sie sorgsam über die Stuhllehne. Seine alte, speckige Lederhose war jetzt angesagt, denn er wollte zum Treffpunkt im Wald, wo sein Freund Fredl bestimmt schon auf ihn wartete. Fredl war ein wenig geistig zurückgeblieben und hatte auch einen komischen Gang, aber Karl störte das nicht. Er war sein bester Freund geworden, da konnten ihn die anderen noch so sehr als Dorftrottel beschimpfen. Er kam mit ihm sehr gut aus und fand ihn gar nicht dumm oder trottelig.

Karlchen packte sich noch ein wenig Proviant ein, schloss dann die Haustüre ab und legte den Schlüssel auf den Balken neben der Regenrinne. Dann stürmte er zur Waldhütte, die nur zehn Minuten entfernt lag. Kurz bevor er dort ankam, drosselte er sein Tempo und schlich mit leisen Sohlen weiter. Er rief den bekannten Eulenruf, ihr Erkennungszeichen, und sah belustigt, wie Fredl sich suchend umsah, ohne ihn zu erblicken. Immer sah Fredl in die Richtung, aus der er zuletzt aufgetaucht war. Dabei wählte Karl genau die andere Seite bei der Annäherung. Dann schrie Karl sein lautes „Buh" im Rücken von Fred und freute sich über das Erschrecken seines Freundes. Dann flogen sie sich in die Arme und balgten sich kichernd auf dem Waldboden.

„Was machen wir heute?", lallte Fredl. Und Karlchen erzählte ihm von seinen Plänen, die er sich am Vormittag während der Schulstunden ausgedacht hatte. „Heute gehen wir zum Bauer Reber, bei ihm sind schon die Kirschen reif. Komm!" forderte er Fredl auf. „Aber du musst ganz leise sein, Fred." Fred nickte und lief strahlend neben ihm her.

Eine halbe Stunde später saßen die beiden im Kirschbaum und flüsterten nur noch miteinander, während sie sich die Backen mit den leckeren Kirschen vollstopften. Aber lange hielten sie das „Leise sein" nicht aus. Als sie auf die Idee kamen, ein ‚Weitspucken' mit den Kirschkernen zu veranstalten, entfuhr ihnen immer wieder lautes Gejohle, wenn sie einen besonders tollen Treffer gelandet hatten. So wurde der große schwarze Hund vom Bauern auf sie aufmerksam, der mit lautem Gebell auf den Kirschbaum zusprang und knurrend darunter Platz nahm. Jetzt war guter Rat teuer. Wie sollten sie wieder herunterkommen, der Hund sah wirklich gefährlich aus.

Langsam dämmerte es schon und Karls Mutter war sicher schon von der Arbeit zurück, das würde wieder Schelte geben. Kurz zuckte der blaue Brief durch Karls Gedanken, aber in der Kiste war er sicher. Fredl wurde bestimmt auch schon von seinen Brüdern gesucht. Das Abendläuten vom Kirchturm war der letzte Aufruf zur Heimkehr für beide, das wussten sie sehr genau. Allmählich wurde es immer dunkler und die beiden Jungen sahen sich nur noch schemenhaft. Sie vertrieben sich die Zeit damit Geschichten zu erfinden. Karl fing an: „Es gibt ein Land, das heißt Arroratis, in dem gibt es keine Erwachsenen. Dort bestimmen alle Jungen und Mädchen selber, wann sie schlafen gehen, wann sie essen und wann sie spielen. Dort gibt es keine Schulen und keine Lehrer, die einem ständig vorschreiben, was man tun muss. Und es ist immer schönes Wetter da. In diesem Land möchte ich wohnen." Dann forderte Karl Fred auf: „Jetzt bist du dran!" Fred überlegte eine Weile, dann fing er an: „Es gibt ein Land, das heißt Honolulu und das ist in Bayern. Da gibt es lauter nette Freunde wie den Karl. Keiner haut einen oder ruft böse Worte hinter einem her. Und die Kirschen auf den Bäumen sind für alle da. Und die großen Hunde sind da alle weiß und miauen wie eine Katze und sie haben ein weiches Fell und die sind gar nicht böse. Und wenn man trotzdem Angst vor ihnen hat, dann hat der Bauer eine Pfeife und wenn er auf ihr pfeift, gehorcht der Hund sofort und kommt zu ihm."

In diesem Moment hörten sie einen Pfiff und der Hund unter ihnen verließ den Platz unter dem Kirschbaum und lief in Richtung Hof. Die beiden Jungen grinsten sich an. „Schnell" flüsterte Karl dem Fred zu: „Wir hauen schnell ab". Sie kletterten rasch hinunter und stoben in die Richtungen, in der ihre Häuser lagen, auseinander. Sie riefen noch den Eulengruß, der hieß: Morgen wieder an der gleichen Stelle.

Und guckt mal noch auf das Titelbild, da sitzen die Beiden auf dem Kirschbaum

Was fällt dir zu den beiden unterschiedlichen Freunden ein?

Was findest du gut an der Freundschaft der beiden?

Mäuslein Guckguck

A) Das Leben in der Kiste

Es war einmal eine Maus, die fühlte sich sehr einsam und träumte jede Nacht von einem Gefährten. Sie wünschte sich nichts so sehr, als endlich nicht mehr allein zu sein. Aber sie lebte in einer Holzkiste, und war auch dort geboren worden. Sie konnte sich kaum noch an ihre Mutter erinnern, auch nicht an ihre Geschwister. Sie wusste nur, dass es Brüder waren und deshalb hatte man sie sehr bald voneinander getrennt. Brüder und Schwestern von Mäusen paaren sich nämlich in sehr frühem Alter und deshalb trennt man sie schnell, bevor das geschehen kann. Die Mutter war kurz nach der Säugezeit bereits gestorben, gerade noch konnte sie ihnen beibringen, wie und was man frisst, dann verstarb sie durch ein giftiges Mutterkorn. Die Mamamaus fraß dieses Korn, weil sie Angst hatte, die Kleinen könnten daran knabbern. Sie opferte sich sozusagen für ihre Kinder.

Natürlich wusste Guckguck von all dem nichts, denn Mäuse haben ein ganz schlechtes Gedächtnis. Sie sind darauf eingerichtet zu fressen, Nachwuchs zu zeugen und zu überleben. Aber Guckguck war ganz allein und deshalb war es ihr verwehrt, Nachwuchs zu zeugen und sie hatte sehr viel Zeit, um nachzudenken. Das war eigentlich unüblich für eine Maus. Sie betrachtete immer lange die Holzmaserung und sah sehr viele Figuren und Muster darin. Auch wurde sie sehr hellhörig. Sie hörte wie das Holz arbeitete und sie vernahm ganz viele Geräusche, die sie einfach nicht einordnen konnte. Sogar ihr eigenes Blut hörte sie manchmal.

Weil sie so allein war, fürchtete sie sich manchmal, vor allem wenn sie wieder so viele verschiedene Töne und Geräusche hörte. Aber sie fühlte auch manchmal komische Erschütterungen, die waren so stark, dass der Boden ihrer Kiste schwankte. Ansonsten geschah nicht sehr viel in dieser Kiste. Jeden Tag bekam sie ein paar Körner zum Fressen, manchmal sogar ein kleines Stück Möhre oder Grünzeug. Wasser konnte sie aus einem seltsamen kleinen Rohr trinken. Ansonsten war ihr Leben sehr, sehr langweilig.

Aus dieser Langeweile heraus begann sie ihr kleines Stimmchen auszuprobieren und piepte in allen Variationen. Sie konnte ganz tief und ganz hoch piepen, und sie war auch Meisterin darin, die Töne ganz lange zu ziehen, und auch sehr laute Töne kamen aus ihrem Mäulchen. Auch rennen konnte sie ganz schnell, und Haken schlagen wie ein Hase, was kein Wunder war bei den vier Ecken, die sie ständig umrundete. Dann wurde ihr auch das zu langweilig und sie übte sich im Springen. Nach einer Weile klappte auch das sehr gut, sie schaffte es schließlich, zehn Zentimeter hoch zu springen, und das auch noch um die Ecke herum. Als Guckguck das schon einige Tage lang geübt hatte, fiel ihr eine neue Variation ein. Jedes Mal wenn sie hochsprang, rief sie laut Guckguck und das machte ihr echt Spaß. Das machte sie an jenem Tag genau das 41igste Mal, als sie ein wenig zu heftig um die Ecke sprang und es sie mit einem Guckguck aus der Kurve und damit aus der Kiste trug. Sie segelte hinab, nein flog und flog und während dieser Sekunden, die ihr wie die Ewigkeit erschienen, dachte sie: Jetzt bin ich verloren, ich werde sterben.

B) Unbekanntes Leben

Sie fiel ganz weit hinunter, der Fall schien endlos und dann landete sie endlich. Der Untergrund war weich und faserig. Sie hatte sich kein bisschen weh getan. Sie blieb eine Minute lang geschockt und wie erstarrt sitzen. Dann blickte sie sich um. Es raschelte, wenn sie sich bewegte und man konnte sich in dem Haufen, denn um so einen handelte es sich, verstecken. Sie war in einem Heuhaufen gelandet. Es roch anders hier und es war kein Rand zu sehen, das ängstigte sie sehr.

Guckguck nahm ihren ganzen Mut zusammen und verkroch sich erst mal in dem Heuhaufen und lugte zwischen den Halmen hindurch. Es sah alles sehr anders aus. Langsam aber wurde sie mutiger und erkundete das Terrain. Viel Neues sah sie da, was ihr fremd war, aber sie schritt tapfer weiter und besah sich die ganze Scheune. Im Halbdunkel konnte sie gut sehen, und sie fand auch eine Menge Stroh um sich; sollte sie in Gefahr sein, darin gut zu verstecken.

Auch wohlschmeckende Körner fand sie, und bald war sie so vollgefressen, dass es ihr schwer fiel zu laufen. Sie machte ein Nickerchen unter einem losen Brett, das schien ihr sicher.

Als sie erwachte, schien der helle Mond durch einen Spalt der schmalen Holzbretter, aus der die Scheune gebaut war. Es sah alles gespenstisch aus. Sie sehnte sich sehr nach ihrer sicheren Kiste, in der alles so über-schaubar war und überlegte, wo ihr früheres Zuhause wohl jetzt war. Guckguck hatte jede Orientierung verloren. Dann sah sie vor sich ein Loch im Boden und irgendwie fand sie es ziemlich aufregend, geheimnisvoll und anziehend. Obwohl sie noch nie in so einem Loch war und auch nicht wusste, was sich darin befand, zog sie etwas magisch an. Schließlich schlüpfte sie vorsichtig hinein, und als nichts Schlimmes passierte, schlich sie weiter die Gänge entlang.

Es gab unendlich viele Abzweigungen und es roch in diesem unter-irdischen Netzwerk äußerst angenehm. An irgendetwas erinnerte sie dieser Geruch, und so folgte sie immer den Gängen, deren Geruch am stärksten war. Schließlich kam sie in eine große Höhle, von der aus viele Gänge weg- oder hereinführten. Guckguck schaute sich um. In einer Ecke der Höhle war so etwas wie ein warmes Bett. Es war gefüllt mit Haaren, Halmen und Federn. Sie schnupperte und fand, dass dieser Geruch dort am stärksten war. Jetzt merkte sie erst, wie müde sie vom vielen Herumlaufen war. Einladend sah diese warme Ecke aus, und so wohlig roch es da. Die Mäusin legte sich einfach hinein und sie schlief beinahe sofort ein.

Sie erwachte von einem, wie ihr es vorkam, drohenden Ton. Ihre sehr guten Augen erkannten ein anderes Wesen ganz in ihrer Nähe und es roch sehr stark, ganz genauso wie dieses Bettchen. Aber der Ton war nicht gerade besonders einladend, eher bedrohlich. Guckguck spürte, wie sich ihre Nackenhaare aufstellten und erschrak, als sie einen tiefen, vibrierenden Ton aus ihrem Innersten herauskommen hörte. Sofort hörte der andere Ton auf und etwas kam auf sie zugesprungen. Sie spürte einen scharfen Schmerz an ihrem Ohr und fing an zu rennen. Sie fühlte, dass etwas hinter ihr her lief und da war auch schon wieder der gleiche Schmerz, nur war er jetzt an ihrem Hinterteil zu spüren. Guckguck fiepte laut auf und beschleunigte das Tempo. Sie lief auf ein weit entferntes schwaches Licht zu.

Atemlos erreichte sie wieder die Oberfläche und war aus den Mäusegängen heraus. Aber nicht genug, dass sie floh, der bedrohliche Feind hinter ihr rannte ihr immer noch weiter nach. Schließlich blieb Guck-guck stehen, sie war nämlich schon völlig außer Atem. Der Verfolger stürzte sich auf sie und sie balgten und bissen sich blutig. Dann ließ das andere Wesen endlich von ihr ab und war ebenso schnell verschwun-den, wie es aufgetaucht war.

C) Lauranta

Guckguck leckte sich erst einmal ihr blutendes Fell und dachte schon, sie hätte nur einen bösen Albtraum gehabt, als sie eine Stimme vernahm: *„Na, so was! Wie konntest du die King-Mäusin stören, sie ist hochträchtig und wird bald werfen."* Guckguck schaute interessiert auf die Sprecherin. Es war eine sehr hübsche bräunlich-graue Maus mit wunderschönen Ohren. „Wer bist du?" Guckguck war es, die diese Frage stellte. *„Ich bin Lauranta, und wie heißt du?"* antwortete die Fremde. „Ich bin Guckguck." - *„Was für ein seltsamer Name"* murmelte Lauranta. *„Was machst du denn hier?"* - „Das weiß ich selber nicht so genau, ich bin gerade überfallen worden." - *„Kein Wunder, du machst ja auch Sachen, die sich hier keiner erlauben würde."* Guckguck verstand gar nichts mehr: „Wieso, was habe ich denn nicht machen dürfen? Darf man nicht in die Löcher rein?" - *„Doch schon, aber du musst dir schon selber deine Höhle bauen und dein eigenes Nest und auch die Gänge musst du selber ausheben,"* verriet ihr Lauranta. „Ach so, das wusste ich nicht", meinte Guckguck, die immer noch an einigen Stellen blutete. *„Na komm, ich zeig dir einen kürzlich verlassenen Mäusebau, die Vorgängerin ist ausgezogen, weil die Familie zu groß geworden war. Aber* *für dich wird es reichen und ich werde dir helfen, weil du so blutig gebissen, wie du bist, nicht groß saubermachen kannst."*

Sie verließen die Scheune und liefen ganz schnell durch das mäusehohe Gras. Es war mittlerweile sehr hell und als Guckguck hoch sah, blickte sie geradewegs in ein grelles Licht. Geblendet blieb sie stehen. Lauranta rief aus der Ferne: *„Wo bleibst du denn? Gleich wird dich der Habicht kriegen."* Guckguck blickte wieder nach unten und langsam gewöhnte sie sich an das helle Licht, und so folgte sie der Stimme. Als sie ihre Freundin wieder erreichte, schaute die gerade aus einem Mäuseloch heraus und rief, sie solle sich sputen, sie hätte auch noch anderes zu tun an diesem Tag. Sie liefen durch ein verzweigtes Gangnetz und landeten schließlich in einer relativ großen Höhle. *„Siehst du? Das Bett ist ziemlich eklig, das müssen wir erst sauber machen."* Das taten sie dann auch und schleppten vereint die mit Mäusekot beschmierten Woll- und Grasreste an die Oberfläche und zogen frisches Heu und Halme in den Unterschlupf, womit sie die neue Heimstatt auspolsterten. Schließlich besahen sie sich alles und waren schließlich zufrieden. Guckguck bedankte sich bei Lauranta, die ihr versprach, sie am folgenden Tag zu besuchen, um ihr noch von den Regeln unter den Mäusen zu erzählen, und vor allem wie sie in dieser neuen Welt zurecht kommen könnte.

In dieser Nacht schlief Guckguck tief und fest. Ein Scharren weckte sie aus dem Tiefschlaf. *„Na du Langschläferin? Auf, auf, du bekommst jetzt ein wenig Unterricht."* „Guckguck streckte sich ausgiebig und meinte: „Schieß los!" Lauranta begann: *„Also, hier unten bist du ziemlich sicher. Hier kommt* höchstens mal ein Maulwurf oder eine Wühlmaus daher. Die sind keine Gefahr. Als erstes musst du aber diesen Bau hier sichern. Weißt du, wie man das macht?" Die verschlafene Guckguck schüttelte den Kopf. „Du musst überall deine Duftmarkierungen hinterlassen. Folge mir."

Beide Mäuse liefen nun die Gänge ab und an jeder Abbiegung musste Guckguck ihren Urin absetzen. Das machte ihr echt Spaß. Das war also der Geruch, der ihr so bekannt vorkam, als sie in dieser neuen Welt landete. „Besonders an den Ein- und Ausgängen musst du markieren, damit jede Maus gleich weiß, dass dieser Bau nicht frei, sondern schon bewohnt ist. Außerdem wissen dann die Männermäuse, dass hier eine Mäusin lebt," erzählte ihr Lauranta. „Und wozu soll das gut sein?" wollte Guckguck wissen. „Mausometer, weißt du denn gar nix? Woher kommst du überhaupt? So unwissend kann man doch gar nicht sein," schimpfte die genervte Freundmäusin und seufzte: „Also, wir leben, um groß und stark zu werden, das heißt, fressen und ständig Fressbares sammeln für schlechte Zeiten. Außerdem wollen wir natürlich überleben, wir haben schließlich eine Menge Feinde. Und als drittes, das Wichtigste überhaupt, wir müssen Nachwuchs zeugen und das können wir nur zusammen mit den Mäuserichen." - „Aha," hörte man daraufhin Guckguck.

Lauranta war etwas irritiert von dieser Antwort: „Also was folgert sich daraus in diesem Fall?"

Guckguck zuckte mit den Schultern. Lauranta rief nun etwas ungehalten: „Natürlich, dass du ganz viel an den Eingängen markierst, damit ein Mäusemännchen dich riechen und zu dir finden kann." Lauranta dachte im Stillen: ‚Diese Mäusin vor ihren

Augen ist wohl ein wenig behindert'. Noch einmal stellte ihr Lauranta die Frage: *„Woher kommst du eigentlich? Wie kann es sein, dass du so wenig weißt?"* Guckguck erzählte ihr von ihrem Leben davor: von der Kiste, dass die Mutter früh gestorben war, von den Brüdern, die ganz schnell verschwunden waren und von der langen Zeit ganz allein. Und auch davon, wie sie versehentlich aus der Kiste gefallen war.

Lauranta hatte sich inzwischen wieder beruhigt. Sie verstand das alles auch nicht so ganz, hatte aber mit-bekommen, dass man dieser Maus vor ihr, wohl nicht viel beigebracht hatte. Sie seufzte wieder und übernahm von neuem ihre Aufgabe, diese Unwissende einzuweihen. Sie forderte Guckguck auf, ihr zum Ausgang zu folgen und erzählte ihr von den Feinden, die da draußen auf sie lauerten. Von dem Kater, der da öfter vorbeistreifte, vom Habicht, der manchmal über diese Wiese flog. Sie unterwies sie, wie sie sich auf der Wiese bewegen sollte; immer nur von Deckung zu Deckung und ganz schnell, und erklärte ihr, dass sie am besten nur nachts aus dem Bau herauskommen sollte, um Futter zu suchen. Sie verabredeten sich um Mitternacht, da wollte ihr Lauranta zeigen, wo die Futterplätze waren.

Der Mond schien schon hell am Nachthimmel und es musste längst Mitternacht sein. Guckguck wartete bei dem Haupteingangsloch, aber ihre Freundin kam nicht. Sie war sehr hungrig und jetzt auch noch traurig, denn sie dachte, Lauranta hätte sie vergessen.

Schließlich hatte sie von der Warterei genug und der Hunger siegte. Guckguck sagte sich, dass es doch nicht so gefährlich sein konnte, nachts ein wenig nach Futter zu suchen, denn es war ja ziemlich dunkel. Sie witterte mit ihrem kleinen Näschen in die Luft, aber es waren so viele unbekannte Gerüche um sie herum, dass sie daraus unmöglich Gefahren erkennen konnte. Sie nahm sich ein Herz und schlich geduckt durch das raschelnde Gras. Sie kannte ja nur ihre gewohnten Körner und Flocken, aber diese lagen natürlich nicht einfach so herum. Dann sah sie ein paar Grassamen an einem der großen Halme. Vielleicht waren die ja essbar. Sie kletterte an dem Halm hoch und knabberte ein wenig daran. „Schmeckt nicht übel," dachte sie und fraß alle Samen ab. Sie fühlte sich satt und lief schnell den Weg zurück zu ihrem Bau. Zum Glück hatte sie sich nicht sehr weit entfernt, aber schon auf dem kurzen Weg wäre sie beinahe an ihrem Eingangsloch vorbei gelaufen. Gottseidank war ihr der eigene Markiergeruch in die Nase gestiegen, so erkannte sie das Heimatloch dann doch noch rechtzeitig. Traurig aber gesättigt legte sie sich in ihrer Höhlung in das frische Bettchen.

Sie schlief lange in dieser Nacht und träumte wild, dass sie von unheimlichen Schatten gejagt wurde.

D) Aller Anfang ist schwer
Nach dem Erwachen lief sie all ihre Flure ab und räumte hie und da ein wenig Schmutz hinaus. An den verschiedenen Aus- und Eingängen hielt sie immer noch eine Weile Ausschau nach Lauranta, sie kam aber nicht. Guckguck sehnte sich nach ihrer Kiste, dort war sie wenigstens immer sicher und hatte auch ihr Fressen vor der Nase. Hier war sie ebenso einsam, aber hungrig. Den ganzen Tag traute sie sich nicht heraus, schlich nur um die Ein- und Ausgänge wartend herum. Auf keinen Fall würde sie bei Tages-licht rausschlüpfen und nach Futter su-

chen. Aber natürlich lugte sie schon recht neugierig umher und konnte auch einige Grassamenhalme ganz in der Nähe ausmachen. Sie würde diesmal nur ganz nahe an ihrem Bau nach Fressen suchen. Nicht auszudenken, wenn sie auf irgendeinen Feind traf und sie in Panik nach Hause rasen wollte und an ihrem Loch vorbei fliehen würde. Das wäre ihr Ende gewesen.

Sie wartete noch die Stunden bis zur Nacht, in ihrem Bettchen vor sich hindösend ab. Einmal erwachte sie von einem Geräusch. Glücklich rannte sie nach oben, weil sie dachte, ihre Freundin Lauranta wäre gekommen. Aber dann stutzte sie, denn ein seltsames Geräusch, das sie nicht kannte, war von oben zu hören. Langsam schlich sie weiter und lugte um die letzte Biegung vor dem südlichen Ausgang. Da saß doch tatsächlich ein seltsames grünes Wesen und verdeckte ihr Ausgangsloch. Es sah komisch aus und gab noch komischere Geräusche von sich. So etwas hatte Guckguck noch nie gehört. Das grüne Geschöpf war nur halb so groß wie sie selbst und sie sah auch keine Zähne an ihm. Es strich immer seine eckigen Hinterbeine entlang und das machte dann so ein schabendes Geräusch. Eine Weile beobachtete sie dieses Tier und allmählich verlor Guck-guck ihre Angst und trippelte auf das Wesen zu. Dieses schien sich aber nun ihrerseits vor ihr zu fürchten, denn es sprang mit einem großen Satz aus dem Loch heraus und war verschwunden. Sie konnte es nirgendwo mehr sehen.

Nun lungerte Guckguck am Ausgang herum. Die Sonne stand zwar schon ganz schön niedrig, aber es war noch nicht Nacht. Sie langweilte sich, und da draußen konnte man immerhin einiges beobachten. Guckguck sah auch einige Fliegen, die kannte sie schon aus ihrem früheren Zuhause, solche hatten sich auch manchmal in ihre Kiste verirrt. Die schmeckten sogar ganz gut, aber sie waren sehr flink und es war schwer sie zu fangen. Also blieb Guckguck regungslos im Eingang liegen, um sie ganz in die Nähe zu locken. Und tatsächlich, nach einer ihr endlos erscheinenden Zeit, ließ sich eine Fliege ganz in ihrer Nähe nieder und putzte ihre Fühler. Guckguck wagte nicht mehr zu atmen. Dann ganz plötzlich flog die dicke fette Fliege hoch und nahm doch tatsächlich genau auf Guckguck's Stirn Platz. So eine Frechheit, sie versuchte ihre zitternde Empörung zu verbergen, und schlug ganz heftig mit ihrem Schwanz in Richtung Kopf. Und tatsächlich, sie hatte die Fliege getroffen, die rollte betäubt von Guckguck's Mäusemaul und schnell packte die Maus die Fliege und biss ihr den Kopf ab. Die Beinchen der Fliege bewegten sich zwar noch, aber das störte Guckguck überhaupt nicht. Sie fraß genüsslich ein Beinchen nach dem anderen, danach die Flügel und schließlich biss sie in den Rumpf.

Im gleichen Augenblick spürte sie einen Schatten über sich, die Sonne verdunkelte sich und Guckguck fühlte sich hochgehoben und flog über wunderbare Ländereien. Noch nie hatte sie einen so schönen Ausblick erlebt. Offensichtlich konnte sie fliegen, wahrscheinlich kam das von den Fliegenflügeln, die sie verspeist hatte, dachte sie. Wie wundervoll war das alles, wenn da nur nicht der Schmerz in ihren Schultern gewesen wäre. Sie blickte hoch und genau in das furchterregendes Auge eines großen Tieres, das einen unglaublich gelben und krummen Schnabel hatte. Dieses Auge jagte ihr wirklich Angst ein und schlagartig verlor dieser Flug seine Schönheit und Guckguck wurde lang-sam klar, dass sie wohl die Beute dieses Tieres war und dass sie wohl bald gefressen werden würde. Dann plötzlich flog sie in einer unglaublichen Geschwindigkeit abwärts, sie fiel. Oh Schreck, sie würden sich bestimmt zu Tode stürzen, ganz bestimmt. Sie schloss die Augen und sprach ein flehendes Gebet zum Obermausegott, dann war alles vorbei.

Guckguck wagte noch nicht die Augen zu öffnen, sie blinzelte ein wenig und sah aus den Augenschlitzen heraus, eine riesige orangefarbene Fläche. Guckguck sah soweit ihr Auge reichte nur diese grelle Farbe. Das war also der Mäusegott, blitzte es in ihren Gedanken auf. Eigentlich ganz logisch, dachte sie, denn orange kannte sie ja schon von den wenigen Sonnenuntergängen, die sie erlebt hatte. Sie fühlte ihren Körper durch, er fühlte sich eigentlich wie immer an, nur die Fläche, worauf sie stand war sehr glatt, und sie hatte Mühe, nicht abzurutschen. Guckguck rief schüchtern: „Hallo, ist da jemand? Halloooo Mäusegott, wo bist du denn?" Aber es war niemand zu sehen und auch nicht zu hören.

E) Rettung?

So hatte sie sich das Jenseits nicht vorgestellt. Die orangenfarbene Unterlage, auf der sie stand, war nicht nur glatt, sondern auch ziemlich nachgiebig. Sie fühlte sich wirklich nicht wohl und versuchte sich ein wenig weiter zu bewegen, aber das gelang ihr nur rutschend. So hatte sie sich noch nie fortbewegt. Halb rutschend, halb trippelnd erkundete sie ihre glatte Umgebung.

Und dann hörte sie einen unbeschreiblichen Lärm. Sie wusste ja nicht, dass dies Kindergeschrei war, das von Kindern kam, die auf dieser Plastik-

Hüpfburg sprangen. Die glatte orangene Fläche wurde so stark auf und ab bewegt, dass die arme Guckguck ständig hoch geschleudert wurde. Sie trug es mit Fassung. Offensichtlich sollte sie auf diese Weise das Fliegen lernen. Das war eine komische Art zu lernen, aber sie akzeptierte es. Allmählich gewöhnte sie sich an den Rhythmus des Hochschleuderns und Niederfallens. Sie ruderte auch folgsam mit den Armen, aber immer war es dasselbe, sie fiel wie ein Stein wieder abwärts. „Ich bin einfach zu blöd," dachte sie. Dann kehrte schlagartig wieder Ruhe ein. Der Mäusegott hatte es wohl aufgegeben, ihr das Fliegen beizubringen. Und was nun? Guckguck wurde immer verzweifelter. Langsam trippelte sie herum und versuchte ihr Gleichgewicht zu halten. Das ging eine Weile ganz gut, aber dann kam sie ins Rutschen und sie hörte nicht auf zu schlittern, es war einfach alles zu glatt, man konnte sich nirgends festhalten. Als das endlose Rutschen endlich aufhörte, war sie auf einer Wiese gelandet. Das war ihr inzwischen bekannt. Wiesen kannte sie nun und schnell versuchte sie umzusetzen, was sie von Laudana gehört hatte, und suchte einen Unterschlupf.

Vor ihr sah sie eine Art Höhle unter einem Stein. Dort schlüpfte sie erst einmal hinein. Guckguck atmete erleichtert auf. Aber dann schalt sie sich, denn den Mäusehimmel stellte man sich doch etwas anders vor, als voll mit Gefahren. Sie hatte sich nämlich an die Geschichten ihrer Mutter erinnert, die sie erzählt hatte, als ihre Kinder noch klein waren. Warum also hatte sie Angst? Vielleicht war sie ja gar nicht im Himmel, vielleicht war sie noch gar nicht gestorben. Wie konnte sie das nur in Erfahrung bringen? Sie fühlte sich völlig überfordert von dieser neuen, ihr unbekannten Welt. Sie wurde ganz traurig und fing an zu weinen.

F) Siebenpunkt

Guckguck's Augen waren schon ganz geschwollen von all dem Weinen, als sie ein schwaches Stimmchen hörte. Sie sah sich um und durch ihren Tränenschleier einen roten Punkt im Gras. *„Hallo"* rief dieser Punkt. Guckguck trocknete sich die Augen, nun sah sie etwas besser, was da vor ihr war. Es war ein kleiner roter Körper mit sieben schwarzen Punkten darauf, dieser Rote stand auf sechs dünnen Beinchen und hatte zwei Fühler auf dem Kopf. „Hallo" antwortete Guck-guck, „wer bist denn du?" Das rote Geschöpf sagte: *Ich bin ein Siebenpunkt, man nennt mich auch Marienkäfer oder Glückskäfer. Du hast also Glück, dass ich dich hier unter dem Stein gesehen habe."* „Glück", dachte Guckguck, Glück konnte sie gebrauchen, wirklich, sie fühlte sich so verloren. Aber sie zweifelte, wie konnte ihr ein so kleines Etwas Glück bringen, oder auch nur ihr weiterhelfen. *„Na, dann wende dein Glück nur mal bei mir an, ich weiß nämlich nicht mehr weiter."* - *„So einfach ist das mit dem Glück auch wieder nicht,"* meinte Siebenpunkt. *„Glück hat nur der, der daran glaubt und sich darum bemüht. Das fällt einem nicht einfach auf den Kopf."* Guckguck seufzte, was hörte sie nur auf diesen Zwerg, wie sollte der ihr schon helfen können. Sie war offensichtlich rettungslos verloren und mutlos dazu. *„Was machst du denn hier überhaupt?"* wollte der Marienkäfer wissen. Guckguck erzählte ihr die ganze Geschichte und am Ende fügte sie hinzu: „Also ich hatte mir den Mäusehimmel auch anders vor-gestellt. Wahrscheinlich bin ich gar nicht im Himmel, sondern in der Hölle gelandet." Der Marienkäfer wurde ernst und meinte eindringlich: *„Hör mal, natür-lich ist das der Himmel, schau dich doch um. Siehst du nicht, wie wunderbar alles geordnet ist?"* - „Nee, kann ich gar nicht sehen." Guckguck wollte sich schon angesichts dieses Unsinns abwenden, als er den Käfer sagen hörte: *„Sieh doch mal, sieh dich doch um, schau genau hin. Was ist denn nicht in Ordnung?"* - „Na, es ist nicht in Ordnung, dass ich allein bin, dass ich Angst habe und kein sicheres Zuhause zum Beispiel" - *„Also, hör mal, erstens bist du nicht allein, ich bin doch da. Zweitens, warum hast du denn Angst? Vor mir etwa? Ich tue nieman-den etwas zuleide und sonst ist da doch auch keiner hier, der dir an den Kragen will, oder? Und drittens, ein sicheres Zuhause musst du dir halt suchen, wie wir alle, und das ist doch toll. Jeder kann sich sein Zuhause aussuchen."* Guckguck dachte über diese Antwort nach und gab dem Marienkäfer insgeheim recht.

„Danke für den Tipp." Siebenpunkt verabschiede-te sich mit den Worten: *„Also, du weißt jetzt ja, was du tun musst, oder?"* Guckguck nickte und der Sie-benpunkt rief noch: *„Ich bin hier in der Gegend, ich laufe nie sehr weit umher, denn das Gute liegt so nah, rufe einfach, wenn du mich brauchst".* Der Kä-fer bewegte sich sonnenwärts auf seinen dünnen Beinchen vorwärts und wartete gar keine Antwort mehr ab.

G) Guckguck braucht ein neues Zuhause
Guckguck überlegte lange. Dann sah sie sich ge-nauer um. In der Ecke ganz hinter dem Stein war ein

Löchlein, gerade so groß, dass sie hineinpassen würde. Wahrscheinlich wohnte auch darin schon eine Maus. Sie erinnerte sich noch genau an das letzte unerfreuliche Erlebnis, als sie in einen bereits besetzten Bau floh und auch daran, wie sie schmerzhaft daraus vertrieben worden war. Na, was sollte sie tun, es blieb ihr ja kaum etwas anderes übrig, als es zu versuchen. Ewig konnte sie unter diesem Stein auch nicht bleiben. Vorsichtig lugte Guckguck in das dunkle Erdloch.

Erst einmal sah sie gar nichts, es war stockdunkel, denn sie selbst verdeckte das Licht im Eingang mit ihrem Körper. Schnuppernd schlich sie weiter. Der Geruch war anders als der, den sie von Laudana kannte. Sehr langsam setzte sie ihre Erkundung fort. Der Geruch wurde ziemlich stark. Sie bekam echt Angst, denn es war offensichtlich, dass der Bau schon markiert und bewohnt war. Guckguck zwang sich dennoch, weiter zur Haupthöhle vorzustoßen, als sie plötzlich in ihrem Rücken eine Stimme hörte, die fragte: *Was willst du hier?* Blitzschnell drehte sie sich in Erwartung eines Angriffes um, und sah sich einem doppelt so großen dunklen Wesen mit langen Barthaaren gegenüber. Guckguck's Nacken- und Rückenhaare sträubten sich vor Furcht. Sie stotterte ein „Gar nichts" heraus. *„Dann ist es ja gut"* murmelte er und zwängte sich an ihr vorbei und lief weiter. Puh, das war noch einmal gut gegangen. Ob sie wohl bleiben konnte? Offensichtlich war er friedlich und wollte sie nicht verspeisen. Sie nahm all ihren Mut zusammen, und als sie ihn einholte, sprach sie ihn an. „Wohnst du hier allein?" - *„Ja, warum?"* Guckguck fürchtete sich die wichtige Frage zu stellen, aber schließlich brach es aus ihr heraus: „Kann ich auch hier bleiben? Ich habe kein Zuhause und draußen hab' ich Angst." Der schwarze Geselle schwieg zunächst und vertilgte erst einmal schmatzend einen dicken fetten Engerling, der noch zappelte. Dann sprach er bedächtig: *„Es ist zwar ungewöhnlich, dass eine Maus und ein Maulwurf sich einen Bau teilen….Ich mache dir einen Vorschlag, ich grabe dir eine eigene Höhle. Ausstatten musst du sie schon selber, aber du kannst die Gänge schon benutzen. Aber mache dein Geschäft hier unten auf keinen Fall. Eure starken Markierungen stinken unerträglich."*

Überschwänglich bedankte sich Guckguck bei ihm und begann sofort dem Maulwurf zu helfen, der dabei war ein wenig weiter entfernt von seiner Schlafhöhle eine weitere Höhle zu graben. Er war äußerst geschickt und schob sehr kräftig mit seinen Schaufelhänden die Erde vor sich her. Doch er pausierte auch öfter, weil er auf eine Schnecke oder einen Regenwurm stieß und die unbedingt genüsslich verspeisen wollte. Guckguck übte sich in Geduld und besichtigte während der Wartezeiten das Gängenetz des schwarzen Freundes. Es war sehr weit verzweigt und bot viele Schlupflöcher und Ausgänge. Gegen Nachmittag war die Höhle fertig und der Maulwurf entfernte sich grußlos. Aber Guckguck war glücklich und sauste an die Oberfläche, um diese gute Neuigkeit gleich dem Glückskäfer zu berichten.

Sie rief laut nach ihm und schon hörte sie ein Surren. Schnell suchte Guckguck Schutz unter dem Stein nahe des neuen Eingangs, und da sah sie auch schon den roten Punkt landen. „Ah, du kannst ja fliegen" staunte Guckguck. *„Natürlich, was gibt es, Mäuschen?"* Guckguck erzählte ihr ganz glücklich von den Neuigkeiten. *„Habe ich dir doch gleich ge-*

sagt, ich bringe Glück." Guckguck bedankte sich freudig und verabschiedete sich auch gleich wieder. Sie wollte unbedingt ein paar Gräser und Fasern finden, womit sie ihr neues Bett auspolstern konnte, bevor es dunkel wurde. Sie fand eine Menge davon und transportierte eifrig alles hinunter in ihre Höhle. Auch noch ein paar Grassamen fand sie, so dass sie in dieser Nacht nicht hungrig ins Bett gehen musste. Sie schlief wunderbar, war satt und fühlte sich sicher.

H) Guckguck lernt

Sie vertrugen sich gut, der Maulwurf und die Guckguck. Sie kamen sich nie in die Quere. Auch ihre Essensgelüste waren ja sehr unterschiedlich. Während der Maulwurf ein reiner Fleischfresser war, hatte Guckguck eigentlich nur Interesse an Samen und Früchten, höchstens, dass sie sich einmal eine freche Fliege schnappte.

Auch lernte sie durch Erfolg und Irrtum immer besser, mühelos für ihr Überleben zu sorgen. Aber sie fühlte sich sehr einsam und hätte gern mit ihresgleichen Kontakt gehabt. Aber immerhin hatte sie sich verbessert. Sie war jetzt selbständiger, konnte für ihre Nahrung selbst sorgen, und kam mit ihrem wortkargen Vermieter ohne Probleme aus. Sie passte sich so gut wie nur möglich seinen Bedürfnissen an und wusste bald, zu welchen Zeiten er in welchen Gängen nach Nahrung suchte, und versuchte ihn nicht zu behindern, denn die Gänge waren doch schmal.

Sie lebte nun schon seit einigen Wochen in dieser unterirdischen Bleibe, als sie sich im Eingangsloch, das im Sonnenlicht lag, wohlig reckte und ein zitronengelber Schmetterling auf ihrer Nase landete.

Guckguck hielt ganz still, um ihn nicht zu erschre-cken. Aber sie empfand Glücksgefühle über diesen wundervollen Besuch. Sie erinnerte sich plötzlich wieder an die Leichtigkeit ihres Fluges vor dem gro-ßen Fall. Es war ein herrliches Gefühl. Als sie dann aber so plötzlich auf der orangenen Fläche landete, war ihr vor lauter Schock diese Erfahrung total aus dem Gedächtnis gelöscht gewesen.

Aber nun erinnerte sie sich wieder daran und dachte voll Sehnsucht an das Gefühl der Leichtig-keit, das sie damals bewegte, als sie mit den Ärm-chen wedelte. Am liebsten würde sie auch so leicht und unbeschwert wie dieser Schmetterling umher-fliegen können. Inzwischen saß der gelbe Zitronen-falter gemütlich und nichts-ahnend auf der hochge-reckten Nase der Maus und reinigte intensiv und ausgiebig seine Fühler. Guckguck über-legte, dass wohl dieser Schmetterling doch reichlich unvorsich-tig war. Der Maulwurf zum Beispiel, würde in dieser Situation nicht lange fackeln und einfach zuschnap-pen. Nun ja, der Maulwurf war auch blind und konn-te die Schönheit dieser Art gar nicht erkennen. Langsam wurde aber auch Guckguck unruhig und bekam einen etwas steifen Hals. So murmelte sie, ohne Kopf und Mund zu bewegen, durch die Zähne „Hallo, lieber Schmetterling! Ist dir klar, dass du auf meiner Nase sitzt?" Erschrocken flatterte der Falter hoch und umkreiste Guckguck. Dann setzte er sich auf ein Blatt unweit des Eingangsmauselochs und flötete in einem wunderbaren Glockenton: *Das tut mir aber leid, ich hatte dich für ein Stück Holz gehal-ten.*" Guckguck war entzückt, dieses Stimmchen klang wie Musik in ihren Ohren und es war noch da-zu die erste Musik, die sie in ihrem kurzen Leben je gehört hatte. „Das macht doch nichts", antwortete ihr

Guckguck „ich heiße übrigens Guckguck und wie nennt man dich?" Der Schmetterling verriet ihr gerne seinen Namen, er hieß Gudwill.

Allmählich kamen die beiden ins Gespräch und erzählten sich aus ihrem Leben.

Gudwill war erst seit vier Tagen ein Schmetterling und hatte noch nicht soviel zu erzählen. Aber was Guckguck da hörte, gefiel ihr außerordentlich. Sie lauschte andächtig den Schilderungen des Schmetterlings, der Folgendes erzählte:

„Als ich das erste Mal die Augen aufmachte, steckte ich fest. Es war sehr schwierig mich zu befreien, da galt es nämlich sich aus einer grauen, papierenen Hülle herauszuquälen. Ich fühlte mich so schwach und deshalb war es sehr schwierig. Endlich hatte ich es geschafft, aber nun fror ich entsetzlich. Ich schlüpfte in den frühen Morgenstunden, als es noch sehr kalt war, und zu allem Überfluss hing ich auch noch an einem Schattenplatz. Am liebsten wäre ich wieder in die Hülle hineingeklettert, da war es wenigsten warm gewesen. Aber die kalte Morgenluft hatte mich schon ganz steif gemacht, so konnte ich mich kaum bewegen. Meine Kraft war auch am Ende, ich hatte sie aufgebraucht, als ich mich aus der Hülle kämpfte. So hing ich ganz zerknittert und steif auf der Papierhülle. Endlos lange konnte ich mich nicht mehr bewegen, das war schrecklich, ich dachte: kaum geboren, schon muss ich wieder sterben.

Aber dann kam die Sonne und wärmte mich und allmählich wurde ich beweglicher und kräftiger. Ich strich meine Flügel glatt und begann mich kennen zu lernen. Ich fand heraus, wie ich meine Flügel bewegen konnte, mir wurde bewusst, dass ich Augen hatte, um die umliegende Gegend wahrzunehmen.

Und glaube mir, ich sah die herrlichsten Farben. Die zogen mich derart an, dass ich schließlich fast zu der am nächsten stehenden Blume hinüberhüpfen wollte. Je mehr ich die Farben ringsum betrachtete, desto aufgeregter bewegten sich meine Flügel und auf einmal merkte ich, dass ich in der Luft war und tatsächlich flog. Ich übte noch ein wenig, auf und ab zu fliegen, aber dann stürzte ich auf ein wundervolles Rosa zu und landete ganz weich auf einer ganz geöffneten Rose. Ich kostete von ihrem wundervollen Nektar, der süß und vermischt mit einem Tautropfen wunderbar er-frischend schmeckte. Ich fühlte mich danach so kräftig, dass ich sogar beim Abflug einem ziemlichen Windstoß widerstehen konnte, und so flog ich weiter.

Da gab es einen ganz stark duftenden Baum mit vielen rosa-weißen Blüten. Dort labte ich mich ganz lange an dem Blütenstaub. Ich konnte gar nicht genug davon bekommen und der gelbe Staub haftete überall an mir. Als ich schließlich übersatt wegfliegen wollte, war ich so schwer, dass ich kaum noch fliegen konnte und schließlich auf der Erde landete.“

Guckguck hatte dem Schmetterling atemlos zugehört: "Und dann?“ rief sie.

„Dann dauerte es eine lange Zeit, ehe ich den Blütenstaub abflattern konnte, und wieder so leicht wurde, dass ich wieder hoch fliegen konnte. Und hier bin ich! Aber jetzt muss ich weiter die Abendluft wird schon kühl und ich muss mir einen sicheren Nachtplatz suche,“ und surrte davon.

Guckguck blieb traurig zurück, sie wollte so gern einen Gefährten oder eine Gefährtin haben. Die meiste Zeit ihres Lebens war sie allein gewesen und seit sie wusste, dass ihr Traum, nicht mehr so einsam zu leben, wahr werden könnte, hoffte sie auf Begegnungen, die vielleicht länger dauerten.

I) Der wundersame Apfel

In dieser Nacht schlief das Mäuslein schlecht, sie hatte viele unruhige Träume und wachte am Morgen total gerädert auf. Guckguck schlich durch die unterirdischen Gänge, erneuerte gewohnheitsmäßig ihre Markierungen und fühlte sich gar nicht gut. Es zog sie wieder zu einem der Eingangslöcher, aber da bemerkte sie auch noch, dass es regnete. Das passte zu ihrer trüben Stimmung. Hungrig war sie auch und sie hatte keine Lust, nach Essbarem zu suchen und sich das Fell nass zu machen. Als sie so vor dem dritten Ausgangsloch herumlungerte, verdunkelte plötzlich etwas das Mauseloch. Sie nahm all ihren Mut zusammen und ging schnuppernd auf das zu, was ihr den Ausgang versperrte. Es roch gut und schien essbar. Sie biss hinein und der Geschmack kam ihr bekannt vor. Es hatte zwar eine andere Form, aber es war eindeutig ein Apfel. Wunderbar, dachte Guckguck, da fällt einem sogar hier in der Freiheit das Essen vor die Füße. Sie fraß und fraß, ihr Bauch war schon eine einzige Kugel und drohte schon zu platzen, aber sie wollte unbedingt diese wunderbare Mahlzeit vertilgen, bevor sie ihr jemand weg fraß. Schließlich ließ sie erschöpft von dem wohlschmeckenden Apfel ab und schlief an Ort und Stelle ein.

Alles war dunkel um sie herum, als sie erwachte. Sie brauchte ein Weilchen, ehe sie begriff, dass der Apfel immer noch den Ausgang verdunkelte. Da hörte sie ein Geräusch und spürte auch, dass irgend etwas den Apfel bewegte. Ein wenig ängstlich beobachtete sie, wie langsam ein kleines Loch in dem

Apfel entstand und ein wenig Licht herein kam. Sie starrte auf das Loch und sah nun, dass da ein Mäulchen an dem Apfel fraß. Das Loch wurde größer und größer und schließlich sah sie das Köpfchen, das zu dem Mäulchen gehörte.

„Hallo!" rief das Mäulchen, *„ist das etwa dein Apfel?"* Als Guckguck ihm nicht antwortete, sprach der Kopf weiter: *„Also ich bin Grambel, der Mäuserich von der Mäusesippe dort drüben am Hang. Es tut mir leid, ich wusste nicht, dass der Apfel dir gehört und dass du hier wohnst, sonst hätte ich dich schon längst einmal besucht. Wir sind nämlich höfliche Mäuse und besuchen eigentlich alle neuen Bewohner in der Nachbarschaft."*

Guckguck dachte: 'Höflich ist er wirklich und ein Mäuserich ist er auch'. - „Ich heiße Guckguck und wohne hier schon eine ganze Weile. Ich habe dich hier auch noch nie gesehen."

Was soll ich Euch sagen. Das Ende der Geschichte ist gekommen. Grambel und Guckguck besuchten sich noch oft gegenseitig. Auch die Mäusefamilie, der Grambel zugehörig war, lernte sie kennen und bald liebten sich die beiden Mäuschen und heirateten. Sie bekamen viele Kinder und erlebten noch viele Abenteuer. Guckguck wurde eine sehr glückliche Mutter und erzählte ihren Kindern von der Kiste, ihrer Befreiung und all den Abenteuern, die sie erlebt hatte. Alle kleinen Mäuslein der Umgebung kamen oft zu Guckguck, weil sie so tolle Geschichten erzählen konnte. Sie wurde im Mäuseland als Geschichten-Erzählerin sehr berühmt.

Hat euch die Mäusegeschichte gefallen?

Was hat euch am meisten an den Abenteuern von Guckuck gefallen?

Kennt ihr all die Tiere, die in dieser Geschichte vorkommen?

Zum Ausmalen:

Koruna das Leichtgewicht

„Lebe leicht und gefährlich" - war an diesem Morgen in der Zeitung zu lesen. Doch Koruna konnte nicht lesen, sie war zwar blitzgescheit, aber lesen konnte sie nicht. Sonst aber war sie sehr geschickt in allem, was ihrer natürlichen Art entsprach. Und das war Laufen und Springen, ohne Ende.

In allen Gangarten war sie zu Hause, und konnte Unmengen von Gras und Heu vertilgen, am liebsten den Löwenzahn. Insgeheim war sie nämlich davon überzeugt, dass man von Löwenzahnblättern eine wunderschöne Mähne bekam. Daran lag ihr viel. Der Löwenzahn war ihr irgendwie sehr vertraut – verkörperte er doch ihre ganzen Sehnsüchte. Er sah wunderschön aus, wenn er die Wiesen gelb färbte, mit seinen gelben Büschelblüten, die außerdem noch herrlich schmeckten und wirklich an eine Löwenmähne erinnerten. Die zackigen Blätter allerdings waren doch ziemlich bitter - vor allem im späten Sommer. Im Frühling stießen sie ihr nicht so auf – nur die Stiele blieben auch in dieser Jahreszeit bitter. Dieser Pflanze werden viele Heilwirkungen nachgesagt, aber unsere Koruna liebte sie, wie schon erwähnt, aus anderen Gründen. Die schöne Mähne, die sie sich wünschte, war nicht das einzige, warum sie sie ständig suchte und fraß. Der Löwenzahn wird von den Kindern auch Pusteblume genannt und das zurecht. Denn die vielen reizenden Schirmchen entfalten sich beim Pusten und sind so wundervoll anzusehen, wenn man das tut.

Auch Koruna konnte das, und wenn sie nur einmal durch die Nase schnaubte, löste sie einen wahren Fallschirmregen aus. Sie hörte einmal einen Menschen erzählen, dass der Löwenzahn sich auf diese Weise vermehrte. Koruna konnte stundenlang Prrrrrrrr machen und dann begeistert beobachten, wie die Schirmchen viele Meter weit davon schwebten und sich dann sachte niederließen. Wenn Schirmchenzeit war, also aus den gelben Blüten die sanften Schirmchen wurden, versuchte Koruna so viele wie möglich mit ihrem Maul einzufangen. War sie doch davon überzeugt, wenn sie nur genügend davon fraß, dass sie dann ganz leicht wie eine Feder wurde, und kaum den Boden berührend, herrlich über die Wiesen fliegen konnte.

So kam es, dass sie immer zur Löwenzahnzeit, zuerst wegen der Gesundheit die Blätter fraß, - danach alle gelben Blütenbüschelchen, derer sie habhaft werden konnte, vertilgte und später dann die Schirmchen jagte. Allerdings gab es auf der gleichen Wiese, auf der sie die Blüten vertilgte, sehr wenig Schirmchen – warum wohl? Deshalb suchte sie die kleinen weißen Schirme immer auf einer andere Wiese.

Es war zum Totlachen wie Koruna über diese Wiese galoppierte. Nur Eingeweihte wussten, warum dieses schwergewichtige Haflinger Pferd - in einem solchen Affenzahn durch die Wiese raste.

Findest du, dass Koruna ein fröhliches Pferd ist?

Hast du schon einmal ein Haflinger-Pferd gesehen?

Weißt du wie ein Löwenzahn aussieht?

Fetthenne

Myrtia litt schon seit Jahren an ihrem grässlichen Namen. Sie hieß Myrtia Fethahn und seit sie zur Schule ging, riefen sie ihr schon immer diese Beleidigungen nach. Sie hatte alles versucht und sich bei der Lehrerin beschwert, sogar beim Direktor war sie deshalb schon gewesen, sie hatte die Rufer verprügelt, sie ignoriert und geweint. Es half einfach nichts, sie riefen ihr immer noch „Fetthenne" nach oder sprachen sie auch direkt so an.

Nun war sie im letzten Schuljahr der Hauptschule. Sie war nie gut in der Schule gewesen, vielleicht weil sie es hasste, dorthin zu gehen und weil sie so oft geschwänzt hatte. Ihre Eltern hatte es nie gekümmert und sie verstanden es auch nicht, dass sie diese Namensumwandlung derart kränkte. Sie hatten andere Probleme, der Vater war arbeitslos und trank und die Mutter ging zwölf Stunden am Tag putzen. Für die war das kein Problem. Vielleicht hätte es Myrtia nicht so verletzt, wenn sie nicht tatsächlich ein paar Kilo zuviel gehabt hätte, so trafen sie die Beleidigungen noch mehr, denn sie hatten ja einen wahren Kern. Ihre Versuche abzunehmen begann sie schon als Zehnjährige, sie glaubte, wenn sie ganz dünn wäre, würden sie aufhören mit dieser Beschimpfung. Aber das war ein Irrtum, denn sie wog damals sogar so wenig, dass sie laut Tabelle für ihre Größe bereits im Untergewichtsbereich war. Trotzdem riefen sie ihr weiterhin dieses Wort nach. So begann sie wieder zu essen und Gewicht zuzunehmen. Jetzt war sie leicht pummelig, aber wenigstens tröstete sie das Essen. Im letzten Schuljahr überlegte sie ernsthaft, welchen Beruf sie ergreifen sollte. Sie hatte eigentlich überhaupt keine Ahnung, wozu sie sich eignen würde. Zum Glück gab es für die Schulabschlussklassen eine Praktikumsschnüffelphase, das hieß, die Schüler konnten sich bis zu drei Firmen aussuchen, wo sie sich ausprobieren konnten

Eines Tages ging sie an einer Gärtnerei vorbei, es war eine Klostergärtnerei, und die Blumen hinter dem Gartenzaun faszinierten sie. Kurzentschlossen ging sie hinein und bewarb sich bei diesem Gärtnereibetrieb. Zwei Wochen sollte sie dort die Pflanzen kennen lernen und alles über sie erfahren.

Einen Monat später war es soweit. Sie begann ihr Praktikum und wurde von einer der Nonnen durch die Gärtnerei geführt. Es war eine sehr nette Schwester, sie lächelte Myrtia freundlich an und beantwortete alle ihre Fragen geduldig. Schließlich kamen sie an einer großen, wunderschönen rosa Blume vorbei. Schnell fragte Myrtia, wieso diese Blume so anders aussah als die anderen. Die freundliche Schwester erklärte ihr: „Das ist eine Blume, die das Wasser speichern kann. Das ist wichtig in Zeiten, in denen es wenig Regen gibt. Schau, die Blumenblüte besteht aus Hunderten von kleinen rosa und weißen Sternchen, sie ist wie ein Himmel voller Sterne. In den dicken, fleischigen Blättern kann sie die Flüssigkeit ganz lange speichern. Fühl mal, sie sind ganz geschlossen und glatt, deshalb verliert sie auch bei größter Hitze kaum ihren Pflanzensaft. Erst nachts öffnet sie ihre Poren und atmet."

Myrtia besah sich die winzigen Sternchen der Blüten und befühlte die Glätte der runden Blätter, und fand sie wunderschön. „Wie heißt sie denn?" fragte sie und die Nonne antwortete ihr: „Sie heißt Fetthenne, - ein passender Name nicht wahr?" Myrtia spürte einen Stich in ihrem Herzen, aber dann betrachtete sie weiterhin liebevoll diese schönen Sternchen und strich über die glatten Blätter, dann allmählich hörte der Schmerz in ihrem Herzen auf.

Zwei Wochen später auf dem Schulhof, als sie ihr wieder den Namen Fetthenne nachriefen, dachte sie spontan an diese wunderbare Blume, und diesmal blieb der Schmerz in ihrem Herzen aus.

Habt ihr schon einmal solche Schimpfwörter gehört in der Schule?

Und was meint ihr, wie ihr euch fühlen würdet, wenn andere euch solche oder ähnliche Worte nachrufen würden?

Auf der Pirsch

In aller Herrgottsfrühe stieg Agi aus dem Fenster. Sie musste sich beeilen, um rechtzeitig am Treffpunkt zu sein. Ihre Freunde warteten bestimmt schon. Ihr Wecker hatte zwar pünktlich geläutet, aber sie war noch sooo müde gewesen und hatte noch einmal kurz die Augen geschlossen. Daraus wurde dann fast eine Stunde. Jetzt hatte sie ein schlechtes Gewissen, weil ihre Freunde auf sie warten mussten. Beim Laufen peitschten ihr die Zweige um die Ohren, auch stolperte sie mehrmals über Baumwurzeln. Dort war die Lichtung!

Sie lief darauf zu und sah niemanden. Waren sie schon gegangen? Hatte sie sich etwa in der Zeit geirrt? Agi stand ratlos zwischen den Bäumen, und beschloss, noch ein wenig zu warten.Sie nahm sich einen langen Grashalm, legte ihn zwischen die

Daumen und blies schräge Töne in die Morgendämmerung. Als der Halm gerissen war, nahm sie einen Stock und schrieb Worte in den staubigen Waldboden: Gratumani, Scherikampo, Lagorini…. Komisch, was war das für eine Sprache, überlegte sie. Da krachte es hinter ihr. Torri kam atemlos herangestolpert. *„Hi, ich bin spät dran, nicht wahr?",* meinte er. Agi nickte. „Wo sind denn die anderen?" Agi zuckte mit den Schultern: „Keine Ahnung". Torri, ein Junge mit sehr kurzen schwarzen Haaren, setzte sich neben sie. Er las die Worte, die auf dem Boden standen. *„Was bedeutet das?"* wollte Torri wissen. „Das ist kirgistisch" log das Mädchen. „Echt? Woher kannst du das?" „Ich bin heute aufgewacht und dann konnte ich das" meinte Agi.

„Kannst du noch mehr?" - „Natürlich" erwiderte sie. Torri sah sie abwartend an. Agi griff zum Stock und schrieb: Barlanuso we garabolt anorsi parasti. *„Was heißt das?"* wollte Torri wissen. „Das heißt; diese Stinkstiefel haben uns im Stich gelassen." Der Junge grinste sie an: *„Na, dann machen wir es alleine oder?"* Agi nickte. Sie erhoben sich und liefen in Richtung aufgehende Sonne. Sie stoppten ihren Lauf als sie den Jägerstand ausmachen konnten. Torri legte den Zeigefinger auf die Lippen und sie schlichen beinahe lautlos weiter. Sie näherten sich von der Rückseite des Jägerstandes her. Der Jäger saß bereits dort oben, das Gewehr im Anschlag. Es war der alte Förster Eberl.

Die Kinder hatten sich geschworen, ihm das Leben schwer zu machen. Seit ihm im letzten Jahr, sein 15 Jahre alter Jagdhund gestorben war konnten sich die vier Kinder unbemerkt nähern, um ihm die Jagd zu verderben.

Vor zwei Jahren hatten die Waldpiraten, wie sie sich nannten, mitbekommen, dass der alte Eberl ein Reh geschossen hatte. Es war in ihre Seelen gefahren, denn der Alte sah schon recht schlecht und brauchte acht Schuss, ehe das Reh wirklich tot war. Daraufhin hatten sie den Pakt geschlossen und geschworen, dass sie seine Schlachtereien in Zukunft behindern würden.

Agi stieg auf den nächstliegenden Baum, um besser sehen zu können. Als sie gut und sicher auf dem untersten Ast saß, holte sie ihre Pfeife heraus und hielt Ausschau. Da, eben kam eine Rehmutter mit ihrem Kitz auf die Lichtung, gut sichtbar. Agi machte das verabredete Zeichen und beide hoben die Pfeifen an die Lippen.

Ein ohrenbetäubender Lärm erklang, beide schlugen zu den grellen Pfeiftönen auch noch mit Stöcken auf die nächstliegenden Bäume. Agi sah noch, dass Reh und Kitz im Dickicht verschwanden, dann sprang sie gewandt vom Ast und beide Kinder rannten, so schnell sie konnten. Als sie nach zehn Minuten Dauersprint atemlos aus dem Wald keuchten, ließen sie sich ins Gras fallen und kicherten. „Mission erfüllt, schrien sie aus vollem Halse und salutierten voreinander. Sie grinsten sich an, dann stoben sie in verschiedenen Richtungen auseinander. Während sie liefen, rief Torri noch „Morgen wieder – selbe Zeit, selber Ort" und Agi schrie zurück: „Noch drei Nächte, dann ist Schonzeit!"

Wie findet ihr es, dass Tiere im Wald getötet werden?

Ist das richtig oder falsch?

Was heißt „Schonzeit" ?

Was denkt ihr zu Agi und Torri – haben sie das gut gemacht oder nicht?

Totem

Sie spielten mal wieder Indianer und Soldat – die alten Spiele waren bei den Jungs immer noch beliebt. Unbekümmert weideten sie sich an der Angst des etwas pummeligen Zweitklässlers, als sie ihn an den Marterpfahl banden. Sie umtanzten ihn und jaulten lauthals und hemmungslos – übersahen seine über das schmutzige Gesicht laufenden Tränen.

Die Abendglocken schließlich beendeten seine Schmach, sie stoben auseinander und trennten sich. Er blieb zurück, von den Schnüren festgehalten. Die stinkende rote Farbe, mit der sie sein Gesicht, Arme und Beine beschmiert hatten, trocknete allmählich an und spannte auf seiner Haut. Was nun? dachte er. Wer würde ihn befreien?

Die Sonne stand schon tief, sie hatte bereits ihre Kraft verloren und es fröstelte ihn. Sie würden ihn suchen, bestimmt. Es würde ihnen auffallen, wenn er nicht zum Abendbrot kam, er der immer Hungrige. Seine Beine gaben mehr und mehr nach, und er bezahlte es mit dem Schmerz des ein-schneidenden Seiles. Warum immer er? Warum mussten sie ausgerechnet ihn immer quälen? Wieso fanden sie kein anderes Opfer, damit er sich wenigstens ab und zu erholen konnte von den Gemeinheiten seiner Mitschüler. Auch im Unterricht wurde er oft zum Gespött. Sogar die Lehrer hackten auf ihm herum mit ihren bösartigen Bemerkungen über sein fehlendes Wissen oder die mangelhaften Ergebnisse, die er ihnen zeigte.

Inzwischen war aus dem Frösteln ein Frieren geworden und die Sonne war ganz verschwunden. Die Dämmerung malte gespenstische Schatten in seine Umgebung, langsam wusste er nicht mehr, ob er vor Angst oder Kälte so zitterte. Sie würden kommen, gewiss. Es konnte nicht sein, dass sie ihn vergaßen, - oder doch?

Durch seinen Harndrang wurde er immer unruhiger. Er tippelte von einem Bein auf das andere. Er musste immer dringender. Wenn nicht bald jemand kam…. Nun begann er zu schwitzen. Das Zurückhalten seiner Ausscheidungen kostete ihn immer mehr Kraft und tat ihm weh. Seine Blase war vollgefüllt bis zum Rand, es tat wirklich weh und kostete ihn all seine verbleibende Kraft.

Er fing an zu weinen und schwor, sich zu rächen. Nie wieder würde er sich so erniedrigen lassen. Er fluchte und heißer Zorn durchflutete ihn, - und heiß lief es ihm die Beine hinab.

Hast du dich schon mal sehr geschämt?
Was ist bei dieser Geschichte schief gegangen?

Was hätten die beteiligten Kinder anders machen können?

Elfenbeinmädchen – der Letzte seiner Art

Sie huschte durch den Urwald – auf der Suche nach Nenus. „Komm Nüsschen, lauf Nüsschen, die Berge sind hoch, die Flüsse sind tief und die Bäume schief." So sang sie, während sie fröhlich über die Wurzeln und Ranken sprang. Sie sang gerne, besonders im Wald, dort war immer eine Art Echo. Sie hatte dann das Gefühl, dass ihre Mutter ganz nah war. Ihre Mutter war schon lange tot, aber sie erinnerte sich noch gut an sie, obwohl sie noch sehr klein war, als sie starb. Besonders ihre Lieder, die sie mit glockenheller Stimme sang, waren noch in ihrem Gedächtnis und auch, dass sie immer nur mit: ‚Elfenbeinmädchen' gerufen wurde.

Wo war er denn wieder? Immer büchste er ihr aus, so sehr sie auch versuchte, ihn nicht aus den Augen zu lassen. Immer wieder schaffte er es, unentdeckt das Weite zu suchen. Sie hatte den Verdacht, dass er absichtlich verschwand, dass er vielleicht gar nicht mit ihr zusammen sein wollte. ‚Ach Unsinn,' sagte sie sich, - ‚er sucht einfach nach einer Gefährtin.' Dies war aber nicht möglich und sie konnte ihm auch keine vermitteln. Sie wurde traurig, ja – Nenus war der Letzte seiner Art. Er musste einfach akzeptieren, dass sie eben seine einzige Freundin sein würde. Sie war doch immer lieb zu ihm und sorgte gut für seine Bedürfnisse. Na gut, sie waren wirklich sehr verschieden, und hatten ziemlich unterschiedliche Interessen. Zum Beispiel kletterte er gerne auf die höchsten Bäume, und sie blieb lieber weiter unten. Sie sorgte sich stets um ihn, hatte Angst, er könnte irgendwann abstürzen, aber wenn sie ihn deshalb schimpfte, quietschte er nur fröhlich und sprang gleich auf den nächsten Ast eines hohen

Baumriesen. Andererseits war es wirklich reizend ihm zuzusehen, wie er mit rasender Geschwindigkeit hoch in die Wipfel kletterte, und oben ein lautes Geschrei anstimmte, dann wie ein Verrückter die Äste schüttelte und schließlich anfing auf der Spitze hin und her zu schwingen. Ihr wurde dabei immer schon übel vom Zuschauen

Eben hörte sie etwas. Es klang wie Nenus auf einem seiner Bäume. Sie lauschte, – ja das konnte nur er sein. Sie lief schneller über den weichen Boden auf die bekannten Töne zu. Jetzt war das Triumphgeschrei ganz nah. Sie blieb stehen, die Sonne blendete sie und sie hielt die Hand vor die Augen. Da – ganz deutlich sah sie das Schwingen des Wipfels vor sich und rief aus vollem Halse: „Nenus!" Ein paar Mal musste sie ihn noch rufen, dann sah sie, wie das Schaukeln nachließ, und etwas in unglaublicher Geschwindigkeit den Stamm hinunter jagte. Ein schwarzer Schatten flog auf sie zu, landete in ihren Armen und knabberte an ihren Haaren herum. Sie streichelte sein struppiges Fell, die Zacken auf seinem Kopf und blickte ihm in das einzelne rote Auge, das mitten auf seiner Stirn war, während sie seine scharfen Krallen vorsichtig aus ihren Haaren löste.

Wollt ihr Nenus malen?

70

Der Jägerstand

„Frani, gehe doch mal schnell rüber zu Kurt. Er hat nach dir gefragt, er will dich sehen" sagte die Mutter.

„Hab keine Lust!"

„Du weißt aber, dass wir von ihm abhängig sind und wir es uns nicht leisten können, ihn zu verärgern."

„Das ist mir doch egal."

Die Mutter geht auf Frani zu und holt aus. Frani duckt sich noch rechtzeitig und läuft Richtung Straße. Als sie außer Sicht ist, verschwindet sie im großen Bogen um den Kiosk herum, Richtung Wäldchen.

Kam überhaupt nicht in Frage, es brachten sie keine zehn Pferde dazu, noch mal zu dem Idioten zu gehen. Seine Stielaugen und sein Getatsche konnte sie auch nicht um den Preis des mietfreien Wohnens, ertragen. Und überhaupt, ihr war es ohnehin egal, ob sie da wegzogen. Nichts hielt sie hier am Ort, diese Wurstbude war ihr total zuwider, der Gestank nach fettigem Öl verfolgte sie schon im Schlaf, selbst wenn sie sich jeden Abend von Kopf bis Fuß tausend Mal schrubbte.

Fran ging den Hang hoch und verschwand in dem Wäldchen. Sie wusste, das gab wieder Stunk, weil sie einfach so durch die Gegend streifte. Aber das war ihr jetzt egal. Sie lief auf dem bekannten Rehpfad den Steilhang hoch, und oben angelangt, begann sie im Dauerlauf zu ihrem Lieblingsplatz zu rennen. Mit jedem Meter, den sie zurücklegte, fühlte sie sich freier.

An ihrem Lieblingsort angekommen, stieg sie auch noch auf den Jägerstand, der über der Ebene thronte. Er war schon seit langem nicht mehr von den Jägern benutzt worden. Als sie ihn damals entdeckte, war die Leiter schon mehrmals durchgebrochen gewesen und sie hatte sie selbst repariert. Auch die morschen Bretter oben waren von ihr ausgetauscht worden. Sie hatte sich einen kleinen Vorrat an Büchern, Farbstiften und Papier dort angelegt und ihn gegen die Feuchtigkeit an Regentagen in einer Plastiktüte versteckt. Zufrieden sah sie über die Landschaft, die im heißen Sonnenlicht flimmerte. Sie liebte diese Zuflucht, hier war sie ganz allein, keiner störte sie und sie konnte träumen von einer anderen Welt. Sie holte sich die Tüte und schaute sich noch einmal die Zeichnungen vom letzten Mal an.

Sie fand sie gut, vielleicht noch nicht perfekt. Sie nahm ein neues Blatt und erschrak, die Zeichnung darauf kannte sie nicht – sie wusste genau, das hatte sie nicht gemalt. Sie schaute sich erschreckt um, - jemand hatte ihr Versteck entdeckt. Sie schaute sich die Zeichnung genauer an, darauf war ein Junge, der winkte, zu sehen, und er stand tatsächlich auf dem Jägerstand, den er wirklich gut abgebildet hatte. Darunter stand Jörg. Nun gut, er konnte zumindest malen und war kein Erwachsener. Es war auch irgendwie spannend, wer war der Junge? Sie überlegte eine Weile und begann dann auch zu malen. Auf dem Blatt entstand der Jägerstand und darauf standen nun zwei Gestalten, ein blonder Junge und ein blondes Mädchen mit langen Haaren so wie sie. Unter die Figur des Mädchens schrieb sie ‚Franziska'. Sie malte den Jungen mit lachendem Mund und das Mädchen mit herunter gezogenen Mundwinkeln. Sie schrieb noch den Tag, das Datum und die ungefähre Uhrzeit darunter, um ihm zu zeigen, wann sie hier war.

Die Sonne stand schon tief, und sie musste sich sputen, nach Hause zu kommen. Die Mutter sagte nichts, sie hatte wohl vorausgesetzt, dass sie bei Kurt war. Sie half noch beim Tisch abräumen und zog sich früh mit ihrem Lieblingsbuch in ihr Zimmer zurück. Als sie das Licht löschte, sah sie vor ihrem inneren Auge wieder die Zeichnung. Ob er wohl wieder kam, dieser Jörg?

Am nächsten Tag war Samstag, da fuhren ihre Mutter und Kurt immer mit dem Imbissstand-Wagen in die Stadt. Dort konnte sie am Wochenende mehr Würstchen verkaufen, und Frani konnten sie nicht mitnehmen, weil Kinderarbeit verboten war, - sie war noch nicht vierzehn, also blieb sie am Samstag immer zu Hause. Zwar hatte sie die Aufgabe, das Haus zu putzen, aber wenigstens musste sie nicht stundenlang in dieser stinkigen Bude stehen. Den Hausputz erledigte sie an diesem Tag in Windeseile und sehr flüchtig. Danach stürmte sie mit ein wenig

Proviant wieder zu ihrem Waldversteck. Es war schon Mittag, als sie dort ankam. Sie kletterte vorsichtig die Leiter hinauf, niemand war da. Sie öffnete die Tüte mit den sorgsam weggepackten Blättern.

Und tatsächlich – ein neues Bild war da: Zwei Kinder standen auf dem Jägerstand nebeneinander, hielten sich an den Händen, beide hatten die Mundwinkel nach oben und lachten. Fran grinste, er konnte scheinbar ganz gut malen und hatte Humor. Sie überlegte, was sie diesmal malen sollte und beschloss, einen Brief zu schreiben: Sie schrieb: Hallo Jörg, ich finde du malst recht gut und ich glaube, du willst mir mit deinem Bild zeigen, dass du gerne auch hier Zeit verbringen möchtest, vielleicht auch mit mir. Stimmt das? Verbringst du hier Deine Ferien?

Am Sonntag kam sie erst spät los und stürmte gegen 18 Uhr auf den Berg, in freudiger Erwartung. Und tatsächlich war auch ein Brief von ihm da: Hallo Franziska, ja ich bin in den Ferien da und habe zufällig Deinen Platz gefunden. Er ist sehr schön. Ich würde dich wirklich gerne kennen lernen. Übrigens du malst auch ganz toll. Auf der Rückseite habe ich dir aufgemalt, was ich – als ich hier war, - gesehen habe. Fran drehte das Bild um und sah auf dem Bild den gemalten Ausblick von ihrem Jägerstand aus und ein Reh, das auf der Wiese graste.

Sie überlegte, was sie auf den nächsten Brief schreiben sollte. Während sie still da saß und nachdachte hatte sich ein Rotkehlchen auf einem nahen Zweig niedergelassen. Fran beobachtete es lange und wagte kaum noch zu atmen. Als es wegflog, malte sie es so naturgetreu, wie es in ihrer Erinnerung war. Auf die Rückseite dieser Zeichnung schrieb sie: Hallo Jörg, danke für das Rehbild. Ab

Dienstag kann ich nur jeden Morgen zum Sonnen-
aufgang für zwei Stunden kommen. Das ist um 4.30
Uhr zur Zeit. Wenn dir das nicht zu früh ist, – können
wir uns Dienstag sehen. Sie verstaute alles wieder
regendicht und genoss die Ruhe über dem Wald-
stück. Als es dämmerte, lief sie schnell nach Hause.

Der Montag schlich dahin und Franziska konnte
es kaum erwarten, bis am Dienstag die Sonne auf-
ging. Sie schlief an diesem Abend sehr schlecht ein,
hatte aber den Zeiger des Weckers auf 4.00 Uhr
gestellt und ihn unter das Kopfkissen gelegt, damit
ihre Mutter das Läuten nicht hören konnte.

Schläfrig stellte sie den Wecker ab, als er unter
dem Kopfkissen einen Höllenlärm machte. Es war
noch dunkel, als sie sich anzog, die Taschenlampe
nahm und die Haustüre hinter sich zuzog, aber ein
Stück Pappe zwischen Tür und Schloss klemmte, -
ein bereits bewährtes Mittel, um unbemerkt wieder
ins Haus zu kommen. Dann lief sie leichtfüßig und
erwartungsvoll den Hügel hinauf, zu ihrem Glück
leuchtete der Mond noch ein wenig.

Oben auf dem Jägerstand war noch niemand,
aber sie war auch früh dran und sie holte die Blätter
heraus und versuchte bei dem schwachen Mond-
licht und im Taschenlampenlicht zu erkennen, ob
Jörg eine Nachricht geschrieben oder gemalt hatte.
Aber es war noch zu dunkel. Sie wartete in der ge-
räuschvollen Nacht und lauschte auf das Rascheln
der Nager im Gras unter ihr und hörte ein Käuzchen
immer wieder rufen. Dann ein Geräusch, das lauter
war, aber sie konnte es nicht identifizieren, es konnte ein Reh oder Jörg sein. Sie hielt den Atem an und
beugte sich vor, um besser zu sehen, konnte aber
nichts erkennen. Aber sie spürte die leichten Er-

schütterungen des Hochstandes und dann stand ein Junge vor ihr und sagte: „Hallo, ich bin Jörg!"

„Hallo, setz dich – gleich geht die Sonne auf – siehst du, es ist schon ganz hell da drüben", forderte ihn Fran auf.

Er nahm neben ihr Platz und sie starrten auf den rosa-gelben Himmel über den Baumwipfeln. Beiden war etwas beklommen zumute und so schwiegen sie, bis die Sonne schon ziemlich weit oben war. Dann fragte Fran: „Hast du gut geschlafen?" – „Ziemlich kurz und ich hatte ein wenig Mühe mit dem Aufstehen", meinte Jörg.

Sie unterhielten sich die ganzen zwei Stunden und verabschiedeten sich mit dem Versprechen, sich die ganze Woche um diese Uhrzeit zu treffen. Am Wochenende wollten sie sich länger treffen und auch etwas gemeinsam unternehmen.

Als Franziska an nächsten Morgen wieder in ihrem Bett lag, dachte sie lange über Jörg nach. Er war in Ordnung und seine Spalte an der Oberlippe, die er Hasenscharte (Gaumenspalte) nannte, machte ihr nichts aus. Auch dass er nicht so deutlich redete wie ihre Mitschüler, störte sie nicht. Er hatte ihr erzählt, dass er so geboren worden war, und dass man es im nächsten Winter operieren würde.

Sie hatte großes Mitgefühl. als er ihr in dieser Woche, in der sie sich täglich im Morgengrauen trafen, erzählte, wie sehr die Kinder an seiner Schule ihn auslachten und ihn mieden. Nur weil er anders war, hatte er es sehr schwer in seiner Schule. Deshalb durfte er auch in diesem Sommer zu seinen Großeltern aufs Land. Er gestand Fran, dass sie die einzige Freundin war, die ihn nicht auslachte, sondern sich sogar freiwillig mit ihm traf. Deshalb konnte er auch so gut malen, denn er hatte sich ziemlich zurückgezogen und dann immer gemalt.

Jörg und Franziska verlebten einen schönen Sommer, sie trafen sich jeden Tag für ein paar Stunden und erzählten sich viel, malten gemeinsam und lachten zusammen. Als die Ferien vorbei waren, tauschten sie Adressen aus, damit sie sich auch im Winter noch Briefe schreiben konnten. In den Osterferien wollte er dann wiederkommen, er würde bis dahin auch seine Operation hinter sich haben und sicherlich deutlicher sprechen können und besser aussehen.

Die beiden blieben noch lange Brieffreunde und trafen sich immer in den Ferien.

Fünf Jahre später studierten beide in der gleichen Stadt und an der gleichen Universität. Und wen wunderte es, - sie studierten beide Forstzoologie.

Was denkst Du über Jörg und Franziska?

Wie hast Du deine Freunde kennengelernt?

Hast Du eine Brieffreundin oder einen Brieffreund?

Das kleine rote Herz

Tobias nahm das Horn in die Hand – war es vielleicht aus Elfenbein? Auf seiner Bergtour, in der Nähe von Meran, war plötzlich dieses Horn vor seinen Füßen gelegen. Seltsam, was man alles so finden konnte. Wahrscheinlich war es ein Stück von einem Gemsgeweih. Es war hohl und als er gerade hineinblasen wollte, kroch eine Spinne heraus, es war wohl ihr Zuhause.

Beinahe hätte Tobias vor Schreck das Horn fallen gelassen. Er mochte keine Spinnen, es ekelte ihn vor diesen Langbeinen. Da hörte er ein Lachen. Er drehte sich um und sah zuerst nichts. Dann aber, — er traute seinen Augen nicht — sah er ein geflügeltes Tier, das höchstens daumengroß war —- nein, das war kein Tier.

Während er mit offenem Mund auf das zarte, geflügelte, schimmernde — beinahe durchsichtige Wesen starrte und an seinem Verstand zweifelte, hörte er die Stimme dieser kleinen hellen Gestalt: *„Hallo, ich bin Eila, ich bin eine Bergelfe und ich freue mich, dass du mich sehen kannst. Es gibt nicht viele Menschen, die mich wirklich sehen können."* Ein Ruck ging durch Tobias. Jetzt war es soweit, er würde wohl so enden wie seine Tante väterlicherseits, die in jungen Jahren schon ziemlich komisch und verwirrt war.

Er drehte sich um, fest entschlossen, diese Gestalt samt Stimme zu ignorieren. *„Nein"*, hörte er die Stimme im Rücken, *„Nein, du bist nicht verrückt, glaube mir — du bist nur empfindsam und offen, das ist keine Verrücktheit."* Tobias ging stoisch weiter - aber so leicht war diese Fee nicht abzuschütteln, sie begann nun direkt vor seinem Gesicht zu schweben. Schließlich blieb er doch stehen und betrachtete sie interessiert.

Sie war allerliebst anzusehen, wie ein wunderschönes Püppchen, - durchsichtig, er konnte sogar ihr kleines Herz sehen, das rot und leuchtend, sehr schnell pumpte. Die surrenden Flügel erschienen ihm wie die eines Kolibris, auch diese konnten auf der Stelle fliegen, mit einem so schnellen Flügelschlag, dass man ihn kaum noch wahrnehmen konnte. Fasziniert schaute er auf die leuchtende Fliegerin und wurde total in ihren Bann gezogen.

Inzwischen war es ihm egal, ob diese Elfe seinem kranken Hirn entsprungen war und er dachte noch: ‚Wenn so etwas Schönes aus meinem Hirn kommt, dann bin ich gerne krank'.

Ein glockenhelles Lachen kam aus dem hübschen Mund der kleinen Gestalt. Sie hatte wohl die Fähigkeit seine Gedanken zu lesen.

Dann wurde Eila ernst und sprach mit sanfter Stimme zu ihm: „Lieber Tobias, ich habe eine Nachricht für dich, lass mich auf deiner Handfläche ausruhen, streck deine Hand aus." Tobias tat, wie sie verlangte und sie schwebte auf die bereit gehaltene Handfläche und nahm Platz. Er spürte keine Berührung, kein Gewicht, sie musste unendlich leicht sein. „Hör zu," sprach sie: „Lieber Tobias! Jemand, der dich sehr liebt und der aus einer anderen Welt ist, will dir etwas sagen. Bist du bereit? Willst du es hören?" Tobias nickte. „Einer deiner Schutzengel hat mich gebeten, dir Folgendes zu sagen: „Gehe in dich hinein - ganz tief, nimm dir Zeit und glaube, dass alles möglich ist. Wenn dir das gelungen ist, wird dein Leben ganz einfach und du wirst dir deiner

*ursprünglichen Aufgabe hier auf Erden bewusst
sein. Dann wirst du wissen, wohin dein Weg geht".*

Eila war aufgestanden und schwebte ganz nahe
an sein Gesicht und es war ihm, als hätte sie ihn auf
die Stirn geküsst.
Dann flog sie davon mit ihrem Glockenlachen und
einen Augenblick kam es ihm so vor, als flöge ein
Teil seines Herzen mit ihr.

Glaubst Du dass es Elfen gibt?

Glaubst Du, dass Du einen Schutzengel hast?

Und wenn ja, was glaubst Du, dass die machen?

*Hast Du schon mal Deinen Augen fast nicht ge-
traut?*

Den 2. Band von den Kindergeschichten findet Ihr auch auf BOD und im Buchhandel.

Weitere Kindergeschichten findet ihr bei Bookrix

Weitere Bücher für Erwachsene findet man unter:

https://hilger-geschichten.jimdo.com
und auf
https://www.bookrix.de/-ai98406389dcf85/

und im Buchhandel